Vuelve Federico

Vuelve
Federico

Ana Bernal-Triviño
Lady Desidia

LUNWERG
EDITORES

Lunwerg es un sello editorial de Editorial Planeta, S.A.
Avenida Diagonal, 662-664 – 08034 Barcelona
Calle Juan Ignacio Luca de Tena, 17 – 28027 Madrid
lunwerg@lunwerg.com
www.lunwerg.com
www.instagram.com/lunwerg
www.facebook.com/lunwerg
www.twitter.com/Lunwerglibros

Primera edición: octubre de 2023
Depósito legal: B. 11.862-2023
ISBN: 978-84-19875-01-3
Impresión y encuadernación: Macrolibros
Printed in Spain - Impreso en España

PEFC Certificado
Este libro procede de bosques gestionados de forma sostenible
PEFC
PEFC/14-38300305 www.pefc.es

El papel utilizado para la impresión de este libro está calificado como **papel ecológico** y procede de bosques gestionados de manera **sostenible**.

ÍNDICE

A ti, que al final has podido ver toda esta trilogía.

A mis ausentes, en las estrellas.

La noche sin luna cubría con un manto de oscuridad el cementerio, donde el único ápice de vida era el sonido de unos grillos que cesó ante su presencia. Entre la muerte solo latía acelerado por la rabia el corazón de un hombre, que caía de rodillas ante una tumba. Con la respiración agitada, exhaló mientras arrugaba entre sus manos una página. Era aquel trozo de papel escrito por Federico que había recogido ante sus pies hacía un año, mientras caminaba por el río. Retorcía aquellas letras con una fuerza tan extrema que parecía descargar en ellas la forma con la que aplastaría el cuerpo de Federico si lo tuviese delante. Tiró la hoja prensada entre sus dedos para limpiar con sus manos la lápida hasta descubrir el nombre. Supo de su fortuna. Él tenía una tumba donde honrar, con un nombre que ni todo el polvo de la tierra cubriría. Sonrió satisfecho, sabiendo que Federico no corría tal suerte porque yacía oculto y sin dignidad. Sobre la tumba, con un lápiz, escribió las letras del alfabeto, luego números y así hasta completar lo necesario para invocar al más allá. Desde lejos, el vigilante del cementerio asistía ante aquel escenario. Sabía a quién estaba invocando. Sabía quién estaba bajo tierra. Y le aterró tanto que aquellas oscuras energías se extendieran por el camposanto, que se alejó con premura mientras se persignaba sin cesar, con la única idea de informar al sacerdote sobre lo presenciado e intervenir frente a las almas malignas.

El ruido de aquellos pasos que huían le alertó, y cesó en su invocación. Aunque ya tenía su objetivo conseguido. Sintió un escalofrío intenso y comprobó, con su respiración, que expulsaba un fuerte vaho. La muerte estaba ya con él. Se incorporó y, ante aquella sepultura, se enorgulleció de haber mantenido su promesa, pisó con desprecio los restos de la carta que había tirado a la tierra y juró, ante su muerto, que Federico nunca volvería.

ROSA NEGRA

El sonido del llanto lo desveló. Con esfuerzo, levantó sus párpados, a la vez que los sollozos y lamentos de desconsuelo se mezclaban con susurros de letanías y oraciones. Primero reparó en las manos que, frente a él, sostenían un pañuelo. Y ascendió con su mirada hacia el brazo y el resto del cuerpo, hasta llegar a una cabeza cubierta con un velo negro. Junto a ella, otra idéntica. Y luego, otra. Y luego, otra. Hasta que le resultó imposible contar el número de mujeres que, descansadas en las sillas de enea, vestidas de luto riguroso y con sus rostros cubiertos, rezaban a media voz y lloraban. Era la cabecera de un duelo. Federico sintió que su cuerpo apenas pesaba. Tomó un metro de distancia de aquella escena y lanzó un alarido cuando comprobó que el difunto al que esas lloronas honraban era él mismo.

Despertó. Y comprobó, tras incorporarse sobresaltado, que estaba en la Huerta de San Vicente. Se palpó todo el cuerpo con sus manos aún temblorosas. Y tomó conciencia de su muerte. Recordó cómo aquella pesadilla había ocurrido meses antes de que fuera fusilado. Desde entonces, ese mal sueño se repetía una y otra vez. Intentó respirar y templar su angustia. Llevó su visión hacia la Virgen Dolorosa del cabecero de su cama, como si esperase una respuesta a tantas preguntas como le había hecho antes de huir, y bajó la mirada. Se sentó en la cama y acarició la colcha de ganchillo hecha por su madre. Nunca supo el motivo, pero, perdido en ese espacio donde nada ocurría, apreciar los detalles, tocar los objetos de su casa, palpar las texturas que había creado su madre era como volver a sentir su mano. Caminó hacia su ventana y comprobó que, en el horizonte, ya se adivinaba la tenue claridad de la mañana, pero que aún permanecía la bóveda nocturna, entre negra, morada y azul, sobre la casa. Reparó, por los jazmines olorosos, en que era verano. Y, de golpe, se percató de que debía de ser el día de la cita anual con sus mujeres.

Salió de la habitación y, a oscuras, descendió los escalones pensando en encontrarse con sus personajes, como cada verano. Incluso tenía en mente asuntos por tratar con Yerma, Doña Rosita o Zapatera. Abrió la puerta de la casa, sintiendo un golpe de aire fresco sobre su rostro que le devolvió el ánimo. Miró a derecha e izquierda. Caminó hacia el limonero, hacia la parte trasera de la casa, hacia la entrada oficial, al ciprés que representaba a su hermano, y percibió, entre la naturaleza perezosa que se abría paso, el sonido de unos cascabeles diminutos. Al fondo del camino de los cipreses pudo adivinar su silueta, que se aproximaba, hasta descansar a unos metros ante él y retirar la caperuza que ocultaba su rostro.

—¡Conjuradora! ¡Yo sabía que no me fallabas! —exclamó, mientras la abrazaba atropelladamente y Dolores intentaba moderarlo.

—Federico... Federico, calma.

—Dime. —Paró, pero la miró abriendo muchos los ojos, como el niño pequeño que acaba de descubrir la vida—. Esta vez presenciaré cómo llegáis todas, ¡que me muero de las ganas, no puedes imaginarte! ¿Dónde están las demás? ¿Y tu Yerma? ¿Y tu hija? ¿Les queda mucho? ¡Esta vez he llegado el primero! ¡El primero!

Dolores intentó moderar su ánimo.

—Baja la voz, Federico. Hazme caso. Nos pueden descubrir —matizó, a la vez que tiraba de su mano para llevarlo hacia la ventana central de la casa e invitaba al poeta a descansar un poco sobre el pequeño poyete.

—Por supuesto, prometo con solemnidad obedecer —entonó con voz rotunda para aligerar, después, de forma inmediata—, pero cuéntame, no puedes dejarme así. Estoy desvelado de las ganas que tengo de veros y estar en reposo, en esta ocasión. ¡Y no te he contado! ¡Acabo de soñar con mi propia muerte ahora mismo!

Conjuradora mostró un semblante de preocupación. Federico intuyó que aquel gesto escondía algo más. Se fijó en ella, mientras descansaba el bastón en la pared, dejándose atrapar por el tintineo del roce entre los cascabeles diminutos, y reparó en que, junto a ellos, había esta vez un enigmático objeto, con un aro central cubierto por una red y unas plumas pedunculadas. Pero el rostro de Dolores volvió a captar su atención, y entendió que todas aquellas preguntas atropelladas, aquellas ganas explosivas y aquel ímpetu indomable debían apagarse. Conocía a sus mujeres como si fuera su propio padre. Aquella mirada de Dolores desvelaba inquietud, cuando menos. Y ella tampoco podía perder tiempo.

—Federico, en estos encuentros pasados, me has pedido siempre volver a ver a los tuyos, retomar las conversaciones que quedaron pendientes o cerrar heridas… —desglosó, mientras el poeta asentía con prontitud a cada referencia, ávido por saber más—. Yo estaba dispuesta a intentarlo, a traerlos aquí…, pero todo se ha complicado.

—No puedo escucharte, Dolores, no puedo… —confesó el poeta, con la voz débil de un niño que no recibe nada en la noche de Reyes y siente vacío su corazón—. Sé que no me prometiste nada, pero también sé que tu mirada me oculta un dolor que no te atreves a compartir. Antes de que me mataran mucha gente me mintió. Semanas antes me decían que nada me pasaría, que yo no correría peligro, y mi sangre se derramó ante el silencio de todo un pueblo. Nadie vino a por mí. No quiero que nadie más me mienta. Y menos, tú. Dime la verdad.

Conjuradora hizo una pausa y, con su mano, invitó a que Federico se girase y mirara desde fuera hacia el interior de la casa, que empezaba a ser iluminada con un extraño tono aún azulado, antes de que la luz plena del sol irrumpiera.

—Han cambiado las normas. Mira la rosa.

El poeta apoyó sus manos y su cabeza en el cristal, intentando ver con más claridad, y contempló la *rosa mutabile* que siempre guiaba aquellos encuentros.

—¡Es negra! Es una rosa negra y enorme.

Federico le devolvió la mirada, intrigado.

—Tú la creaste. Es tu rosa de la muerte. Se invocó en el último encuentro, para recuperar a Novia. El mundo donde reposáis los espíritus es, en muchos detalles, inexplicable e indomable. Hay personas atrapadas en espacios negros y grises, que no descansan. O personas que no pueden hablar con sus muertos. O quienes siguen conectados a la tierra, sin poder descansar ni abandonar ese lugar intermedio.

Dolores hizo una pausa intentando ordenar lo que debía decir, pero las dudas sobrecargaban a un Federico cuyo rostro desvelaba una incertidumbre inabarcable. Descansó su cuerpo, de nuevo, sobre el poyete de la ventana principal de su Huerta y la miró, ávido de respuestas.

—¿Qué quieres decirme? Ese espacio inabarcable es gélido, inhóspito e inhumano. Estoy perdido. No sé ya hacia dónde ir. Estoy en una constante sensación de amenaza que me impide descansar. Estoy solo. Terriblemente solo entre tinieblas que ni me abrazan ni me calientan. Ando como un vagabundo, donde me cruzo con sombras irreconocibles, con un aspecto torvo, que no me hablan, ni me miran, ni me llaman por mi nombre y me condenan al silencio. ¿Tan mal lo hice en la vida para no solo matarme por odio, sino para condenar mi alma a no descansar en paz? ¿Qué mal hice yo?

—No, no, Federico, no es eso —respondió para calmarlo—. Es que no todo es como queremos.

—¡Lo sé! ¡Pero por qué yo nunca puedo ganar! ¿Por qué todo el mundo me corta las alas?

—Federico, seré franca. Esa rosa negra significa que quieren matar hasta tu alma para que desaparezcas, por completo, del mundo. Una magia oscura ha conseguido que muchas personas empiecen ya a olvidarte. Quienes están en el más allá. Por eso ves sombras que no te paran ni te reconocen. Que nadie sepa tu nombre, que nadie te recuerde, ni siquiera tus propios personajes, que terminarían contigo. Una *damnatio memoriae*, una condena de la memoria, una condena al olvido para siempre.

—¿Por qué?

—Pensarás que el mundo avanza. Y que hay odios y rencores que murieron. Pero, en verdad, permanecen latentes, dispuestos a revivir ante la menor ocasión. Hoy día hay personas que se empeñan en impedir tu evocación, tu nombre incluso. No hace falta que te destruyan, ni siquiera. El tiempo es el mayor amigo del olvido.

—¿Puedes impedirlo con tu magia? —propuso con esperanza.

—No, pues no es mi recuerdo el que corre peligro. Nada mejor que tú para hacerlo, pues tu presencia antes quienes ya te hayan olvidado o puedan olvidarte permitirá que sus recuerdos no se borren. Y, con ello, que permanezcas.

—Pero...¿cómo lo hago? —cuestionó él, con angustia.

—Harás un viaje por tu vida, y tu deber será recuperar recuerdos. Que te reconozcan las personas antes de que te olviden y, con ellas, rescatar momentos compartidos y lugares. Tienes que reescribir tu vida. Y te encontrarás con almas que quizás no te reconozcan y con otras que, de inmediato, caerán en tus brazos. Otras tardarán un instante, mientras bucean en ese mar de momentos pasados que albergamos. Pero no será fácil. Cuando esta rosa negra aparece, también lo hacen los escuadrones de la muerte... Abrir la llave del pasado se hace con todo, con lo bueno vivido y con lo malo. Igual que podrás recuperar a personas que te quisieron pueden entrar quienes te odiaron. Y habrá objetos o lugares que serán una trampa por la que sombras oscuras lleguen hasta ti.

Federico se estremeció ante aquel nombre que atemorizó a todo el mundo en el inicio de la guerra, con aquella simbología de unas camisas negras que representaba la anulación de cualquier luz. Decir «escuadrones de la muerte» era saber que tu vida acababa. Meditó en voz alta, con múltiples recuerdos que se agolpaban uno tras otro.

—¿Adónde voy? Si huyo, no puedo ver a los míos, ya estoy en la Huerta, debo esperarlos aquí… ¿Y cuánto tiempo tengo?

—He consultado tratados y averigüé que lo que descansa en tu mesa es una rosa negra, pero *mutabile*. Antes, la rosa roja marcaba la sangre, la vida. Ahora es la rosa de la muerte, no hay sangre, no hay latido, no hay existencia. Marca el tiempo, pero el tiempo de los muertos. Durará un día, como siempre. Y solo tú podrás hacer que cambie de color en esta ocasión. Solo si consigues avanzar con tus acciones y decisiones. Deberá cambiar de negra a gris y a blanca. Cuando alcance ese color significará que la luz empieza a iluminar tu alma, que la paz estará más cerca. Hay un detalle más: esta flor es ahora más grande porque cada pétalo de esa rosa negra corresponde a una de las personas que marcaron tu vida.

Los ojos del poeta se abrieron y su corazón palpitó con fuerza.

—Entonces, uno de esos pétalos… ¿puede ser mi madre? ¿Mi padre? ¿Mis hermanas?

Dolores suspiró y se encogió de hombros.

—Es muy probable, aunque no puedo darte seguridad. Quizás, viendo esa cantidad de pétalos, pienses que te encontrarás con muchas personas, pero te advierto que ahí hay de todo. Personas que te quisieron y las que no. Tampoco podrás hablar con todas. El tiempo y el espacio se deberán alinear para que se produzca ese encuentro. Si este no tiene lugar, el pétalo caerá y esa persona te olvidará para siempre.

Aquella frase aterró a Federico. Un instante antes estaba ilusionado por saber que tenía una mínima opción de encontrarse con los suyos y, ahora, el desaliento se había apoderado de su alma. Por un lado, sabía que era la única oportunidad. Tanto para verlos como para que fuera una ocasión perdida.

—¿Podré hablar asuntos pendientes con quien quiera?

—Podrás, pero a veces decidirás tú y otras, la sombra con la que te encuentres. Será siempre temporal. No te aferres a

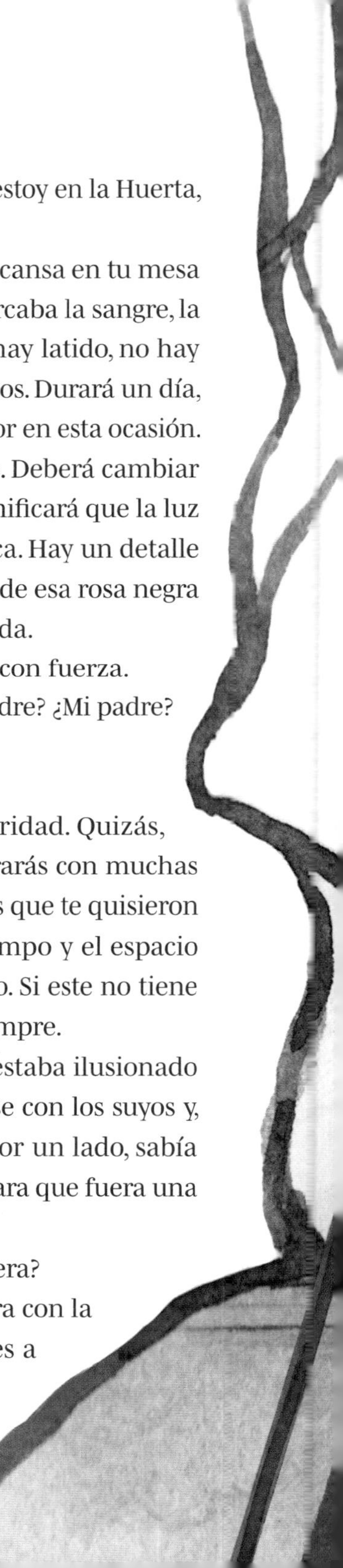

nadie, pues de lo contrario nunca podrás avanzar. Hay que saber despedirse y alejarse para continuar.

—¿Cómo sabré cuáles son esas personas a las que pueda dedicar más tiempo?

—Escucha a tu corazón. Solo él te dirá a quién dedicar un espacio del preciado tiempo que se te devuelve. Y tu corazón te dirá también con quiénes ya no hay nada que hablar. Debes elegir para avanzar.

Federico resopló y miró al vacío, entre la duda y el miedo de dejar escapar la única opción de reencontrarse con los suyos.

—Sé la verdad de fondo... pues cualquier paso en falso acabará con este juego macabro que me condena a una oscuridad eterna. Y, además, sea cual sea el final..., ya no os vería tampoco a vosotras ningún año más, ¿verdad?

Conjuradora asintió con la cabeza.

—No pienses en nosotras, piensa en ti. Tienes que hacer este viaje. Es la última ocasión para hacerte inmortal, Federico, y cerrar lo que se te negó en vida. Despídete de todos y afronta el camino. Y si ocurre algo, siempre hacia delante, nunca mires hacia atrás. Toma este viaje como un sueño.

Federico atrapó esa última palabra, con la mirada perdida en aquella rosa enigmática tras el cristal, y recordó todos sus viajes del pasado, los sonidos de trenes, el movimiento del coche, el aire en la cara en el barco a Nueva York, encuentros, rostros, palabras, frases últimas y sueños por cumplir, sueños.

El sueño va sobre el tiempo,
flotando como un velero,
flotando como un velero,
nadie puede abrir semillas
en el corazón del sueño,
en el corazón del sueño.

Recitó él, en voz alta y casi inconsciente, para luego girar su cuerpo hacia ella.

—Pero ¿cómo lo hago? Con lo torpe que soy, me voy a perder y lue... —Federico sintió sonar los cascabeles del bastón de Conjuradora, y comprobó que la bruja entraba con premura dentro de la casa, apenas iluminada, sin dar respuesta a sus preguntas—. ¡Pero Dolores, espera, espera! —Tropezó en la entrada, se maldijo a sí mismo y, mientras no dejaba de repetir su nombre en alto para que parase, comprobó cómo ella abría y entraba por la puerta pequeña bajo la escalera—. ¡Pero mujer, a dónde vas! ¡Que por ahí solo hay polvo y trastos! ¡Que no se va a...

Federico no pudo pronunciar ninguna reflexión más, cuando se dio cuenta de que estaba rodeado por la tenebrosidad más absoluta y con un frío que le calaba hasta los huesos. Él, que siempre tuvo pánico a aquella sensación, notó cómo se cerraba la puerta tras él y cómo aquel espacio minúsculo parecía ser ahora un camino sin fin. Intentó calmarse. Al fin y al cabo, nada podía ser peor que la soledad que experimentó antes de que lo mataran. Ahora, con sus manos adelantadas, inició a ciegas la marcha. Con pasos torpes y con miedo, Federico gritaba el nombre de Dolores. Sus cascabeles sonaban cada vez más lejanos, pero ahora tenían una armonía diferente, casi hipnotizante y evocadora, que lo sumergía en otra dimensión.

No entendía nada. Una corriente de aire golpeó su cara, y comprobó que, al fondo, había un punto de luz. Aceleró el paso hacia él, a la par que percibía unos susurros y murmullos que aumentaban de intensidad. Comprobó que el espacio que lo rodeaba, que le había parecido infinito, se estrechaba, pues empezó a notar cómo unas paredes invisibles se movían y ya le rozaban tanto el ancho de su cuerpo como su altura, obligándole a encorvarse. Sintió que se hallaba en una galería estrecha y pequeña y que, si quería pasar al otro lado, tendría que agachar más su cuerpo. Así lo hizo, con rapidez, sabiendo que podría ser la única salida. La luz cada vez era más potente, más blanca, hasta que le cegó por completo. Aun así, avanzó como pudo hasta que comprobó que la luz más intensa desaparecía por completo, que podía ya incorporarse, que un olor le resultaba familiar, que su ropa había cambiado por un traje de antaño y comprobó, al darse la vuelta, que lo que acababa de atravesar era el pequeño pasadizo que conectaba el salón de su piano con la cocina donde creció. El viaje había empezado. Estaba en su casa de Fuente Vaqueros.

Fuente Vaqueros

Un golpe de recuerdos estremeció la memoria de Federico. No solo era el olor a campo mezclado con cal, ni aquellas paredes blancas que vio nada más nacer, ni el suelo donde aprendió a andar, ni aquella cocina donde de pequeño escuchaba conversaciones casi clandestinas entre mujeres. De fondo percibía unas voces que, tanto tiempo después, reconocía que pertenecían al baúl de la niñez y que provenían del patio interior. Inspiró con fuerza intentando contener la emoción, con miedo a avanzar, pero recordó el aviso de Conjuradora: «Siempre adelante».

A su derecha quedaba el camino empedrado que le llevaría hacia aquel patio cargado de luz, de piedras redondas y con un pozo. Dio tres pasos más, lentos, y con el miedo a no ser reconocido y con el corazón casi en la garganta comprobó que allí estaban ellas. Aquellas mujeres sintieron la presencia, que golpeó de forma directa en su memoria. Y, de inmediato, sus ojos se cargaron de lágrimas, con el aliento cortado por la impresión. Federico corrió hacia ellas como aquel niño de andares torpes que dio sus primeros pasos en aquella casa, y se dejó caer a las rodillas de Dolores, la Colorina, la criada más fiel de la familia García Lorca, la que fue nodriza y cuidó de Paco, del resto de sus hermanos y de él mismo. Era la típica mujer que él no dejó de honrar en sus escritos. La que venía de lo tosco y pobre, la que carecía de privilegios, la que parecía estar en segundo lugar cuando su trabajo era el sostén de la casa. La mujer cogió la cara del poeta y la besó compulsivamente, de forma sonora, a la vez que le ponía hacia atrás parte de su flequillo, mientras que su prima Aurelia y su amiga y niñera, Carmen, intentaban también arroparlo. Federico, rebosante de felicidad y sin saber cuánto tiempo podría estar junto a ellas, siguió abrazándolas sin control.

—¡Pensaba que íbamos a olvidarte antes de que un día llegaras! ¡Pero yo tenía un pálpito! ¡Mi criaturica! ¡Gracias! —gritaba su nodriza, con las manos elevadas al cielo.

—¿Cómo es posible? —preguntaba Federico, ya en pie, y estirando los brazos de su prima y su amiga, a la vez que las contemplaba con un rostro iluminado y las achuchaba con mucha fuerza—. No estáis…

mayores..., estáis aún jóvenes, tal y como os dejé, pero... llegasteis a vivir más que yo, ¿verdad?

—¿Aún no sabes la regla del mundo de los muertos? —preguntó Aurelia, quien continuó con su exposición ante la negación de Federico—. Cuando morimos y nos encontramos con otra persona difunta, adquirimos ante sus ojos la forma que teníamos cuando nos vimos por última vez. Tú me ves con esa edad porque es la que tienes en tu recuerdo de nuestro último encuentro. Pero, a la vez, proyectamos otra apariencia con otras personas. Por ejemplo, Carmen o Dolores me ven mayor, porque tras tu marcha nos vimos en algunas ocasiones.

—Yo, Federico, te veo incluso igual que la última vez. ¿Recuerdas que fuimos mi marido, mi niño y yo a visitaros a la Huerta y que comimos migas con melón? —matizó Carmen, antes de que Aurelia prosiguiera.

—Las tres hemos elegido descansar a menudo en esta casa porque...

—Porque la Huerta fue de donde huiste, mi Federico, y yo no quiero recordar nada de lo que ocurrió entre aquellas otras paredes... Malditos sean todos esos malnacidos que te arrancaron —execró Dolores entre dientes, mientras sacaba de su pecho un pañuelo para secarse unas lágrimas.

—No traigas esos recuerdos —suplicó Federico.

—Los traigo porque aún me pesan. Una no se podía fiar de nadie. Yo ya lo dije, ni de la iglesia, de las monjas, de los curas..., de nadie. No os fieis de nadie. No sabes bien cómo el horror estaba en mi cara cuando vi que Madrid había caído y tu padre dijo que se iban fuera de aquí... Lo que yo gritaba. No sabía si irme para la *catedrá*...

—«Catedral», se dice «catedral», que bien te enseñaba mi hermana Isabel.

—Lo mismo da, mi Federico. Tú me entiendes. Nací y morí sin estudiar, el destino de las mujeres pobres. Bien que agradezco a tu familia el haberme salvado de un mundo peor, aunque no era yo santo de tu madre, pero eso ya es otro *cantá*... —dejó deslizar.

—Antes de nada, quiero darte las gracias.

—¿A mí? Pero ¿por qué? Que solo fui una mujer pobre que apenas hablaba bien. Si todo me lo enseñaste tú, mozo.

El poeta la atravesó con sus ojos antes de responder.

—Gracias por cuidarme y darme amor, que, al fin y al cabo, es lo único que buscamos los humanos cada día. Y tú, querida mujer, sin ser de mi sangre, me lo regalaste desde el primer momento.

La anciana, emocionada, besó sus manos en correspondencia.

—¿Te quedas para siempre, verdad?

Federico titubeó ante aquella pregunta de la anciana, sin saber bien qué responder.

—Creo que estoy de paso, que aún no puedo quedarme... Necesito ver a mucha gente con la que dejé conversaciones pendientes, pero, sobre todo, quiero que me seáis sinceras... ¿Y mamá? ¿Y papá? ¿Y mi hermano Paco? ¿Isabel, Concha? —preguntó, intentando desvelar respuestas en sus miradas, que no transmitían certezas.

—No lo sabemos, nadie más los ha visto —confesó Carmen.

—Quizás no se muestren a los demás hasta que te vean a ti —añadió Aurelia.

Federico se acercó al pozo. Divisó su profundidad, quizás a la espera de alguna respuesta. Luego, alzó la mano hasta alcanzar uno de los racimos de uvas de la parra que tenía sobre su cabeza y devoró con dulzor algunos frutos hasta dejar pelado el raspón. Aquel sabor de infancia le hizo sentarse para compartir anécdotas de antaño con ellas. Como cuando llevaba los pies *mataícos* con los zapatos nuevos en la feria del pueblo, y su lamento por no poder comer tejeringos al estrenar un traje. Recordó a su prima cómo la furgoneta de La Barraca fue bautizada como *La bella Aurelia*, a lo que Dolores reclamó que ella estuvo en primera fila cuando la compañía interpretó los *Entremeses* de Cervantes en el antiguo cartel de Santo Domingo, o que ella estaba detrás de muchas de las criadas a las que Lorca daba vida en sus páginas, o que fue maquillada por él, para una representación doméstica de *El alcázar de las perlas*, de Villaespesa, y cómo luego su hermano Paco la mandó a ir a comprar cacahuetes al Teatro Cervantes «con unas pintacas horribles».

—Mi Federico —llamó la anciana, con una sonrisa de calma—, gracias por haber hecho mi vida tan diferente. Solo era una mujer pobre, y al pobre se le niega desde el pan hasta lo que alimenta por dentro, ese arte que tú tenías y que me ponía ante los ojos cosas que nunca pensé. Y si además de pobre eras mujer, estabas atada como las bestias solo por serlo. A quedarse con lo que te tocaba y sin rechistar, ni *mijita* —refunfuñó, justo antes de cambiar su expresión a otra más dulce—. Pero tú bien que pusiste ahí, en el papel, a esas rebeldes que se ponían el mundo por montera. —La mujer hizo una pausa mientras su memoria viajaba en el tiempo—. Te prometo que cuando esperaba el regreso de tu familia a España, pensaba que quizás todo había sido un mal sueño y que tú aparecerías por detrás en algún momento…, mi criatura —suspiró, mientras besaba su mano y tiraba de él para abrazarlo—. Sabes bien, muchacho, que me diste muchas risas, y más aún con ese demonio que tuve por marido, que nos maltrató, y tuve que ingresar a las niñas en el hospicio. Que con ustedes, a su servicio, yo parecía estar bien, pero llevaba mi cruz por dentro.

De pronto, la anciana se centró en los ojos de Federico, en sus pestañas, en su iris y en su pupila, e identificó aquella mirada de niño cuando estaba entre sus brazos siendo pequeño, y cantó en voz alta.

A la nana, nana, nana,
a la nanita de aquel
que llevó el caballo al agua
y lo dejó sin beber…

—Tus nanas, y las que mamá cantaba, están en todas mis obras. Tu voz está en todas ellas.

—Y yo lo sabía, granuja, que me daba cuenta de todo —expresó, con un beso fuerte sobre su mano—. Ojalá haberte acunado siempre.

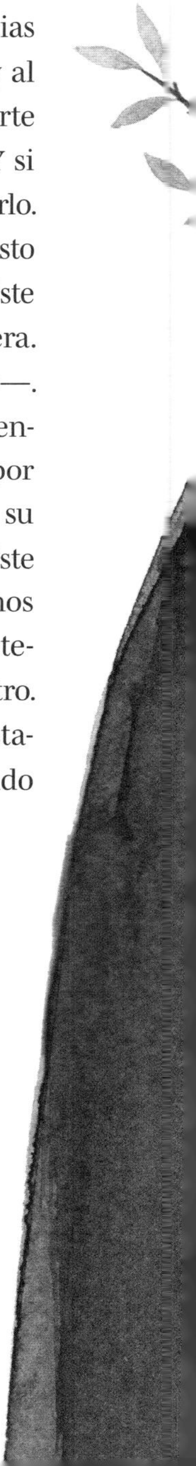

Haber hecho algo para que nunca hubieras crecido y hubieras sido siempre chiquitito, para que nadie te hiciera daño. Qué *penica* de recuerdos cuando pesan tanto.

Federico no quería que su nodriza sufriera con aquellas memorias, y cambió su pensamiento en cuanto le solicitó uno de sus cafés iluminados, donde echaba un poquito de aguardiente. La anciana sonrió picarona y fue a prepararlo, con la compañía de las otras mujeres y del propio Federico, que le recordaba a su prima Aurelia cómo le cautivó aquella expresión que ella le dijo un día en una cocina, «Echa los huevos cuando se ría el aceite», y cómo aquella metáfora despertó sus sentidos. La propia Aurelia soltó una carcajada ante aquella apreciación y quiso confesar ante el resto de las mujeres cómo su madre y sus tías y sus primas echaban el cerrojo de la casa cuando llovía, porque Federico iba directo a ver cómo Aurelia gritaba, corría y se escondía de miedo ante las tormentas. E incluso a veces simulaba un soponcio mientras decía en su mecedora: «¡Mirad cómo me muero!».

—Prometo que era así, que yo mismo lo presencié con estos ojos de los que doy parte solemne —certificaba Federico ante las risas de ellas—. Aquello parecía un gran teatro, querida prima, y no podía evitar verte y aprender de ti. Todas habéis sido inspiración.

La propia Aurelia aprovechó para invitar a Federico a pasear por el resto de la casa y, a cada metro, bullían borbotones de recuerdos. Sobre todo porque él, siempre, a cada cosa, mueble, objeto, un árbol o una piedra, le daba su personalidad. Se emocionó cuando se vio vestido de bautismo pero, aún más, después de contemplar su pesado taca-taca de madera, que no daba crédito que aún se conservara. También con su piano, que recordó haber tocado por última vez. Pero, sobre todo, cada esquina, cada mirada posada en un objeto le traían una voz, una piel y una conversación.

Carmen le invitó a salir de la casa, para caminar por el pueblo y recordar «aquel altar» que juntos creaban con flores, y los primeros teatros de títeres, cuando pidió a su madre los muñecos de cartón vestidos de rojo. Avanzaron por la calle solitaria hasta llegar a una tapia baja donde comprobó que estaba el altar, con la imagen de la Virgen, tal y como él lo construía antes de decir misa. Era su juego favorito porque su teatralidad y puesta en escena le fascinaban.

—¡Menudos sermones os daba...! Os pido perdón por ello —disculpó Federico, entre unas risas vagas.

—Y menudos chantajes, también, además del sermón, que nos pedías o partirnos de risa o llorar profundamente.

—¡Es que, si no, no era teatro!

Carmen sonrió antes de continuar.

—Siempre supimos que éramos afortunados de tenerte, amigo, pero cuando te fuiste todos aquellos recuerdos fueron oro. Con el tiempo, creo que todos habríamos dado cualquier cosa por volver a vivir esos instantes. Así se lo dije a toda la gente que vino a Fuente Vaqueros tras tu muerte, cuando regresó la libertad y pudimos empezar de nuevo a nombrarte. No imaginas la cantidad de personas que preguntaban por ti y cómo les contaba de tu alboroto y tu alegría, de tus seguidillas y martinetes. Te fuiste, amigo, y leí y releí todo. Tu *Zapaterita*, tu *Doña Rosita*, tu *Yerma*, tus *Bodas de sangre*... Releer era volver a escuchar tu voz y, en cierta manera, mantenerte vivo.

Federico se removió incómodo. Quería preguntar por su prima Clotilde, pero evitó insistir. Dio unos pasos ante aquel altar del pasado, en el que se persignó. Le parecía magia recuperar aquella etapa y se imaginó de niño, disfrazado, haciendo sus predicaciones para conseguir la reacción de su público.

—Me siento muy pequeño ante todo esto, ahora mismo...

—Siempre te pensaste pequeño, pero eras muy grande, Federico.

—Qué más da... Nadie me buscó —respondió él, cabizbajo.

—En cierta manera, creo que todos te fallamos. El miedo, querido, el miedo que nos amordaza siempre.

Él suspiró profundamente, tras una breve reflexión interna acerca de esa palabra.

—No se puede imaginar lo que es el miedo hasta que en una noche sin luna sabes que van a matarte y nadie te salvará.

Carmen se acercó a él. Lo rodeó con su brazo y lo aproximó con fuerza, intentando que sintiera su apoyo.

—Tienes derecho a sentir rabia hacia todos, amigo. Estuviste solo, tienes razón. Y te pido perdón por ello. Pero sabes, también, que las mujeres ni mandábamos ni cortábamos nada en aquella época, y que solo podíamos obedecer.

—Ya nada puede cambiar.

—No estuve aquel día, amigo, pero sí fui la primera entre el público que llenó la plaza del pueblo en tu primer homenaje a los pocos meses la muerte del dictador, en 1976. Aquel día pudimos ya gritar tu nombre en libertad. Y tu gente te espera, mira —le advirtió Carmen, forzándole a desviar la mirada a sus espaldas. Cuando se giró, todo el pueblo estaba presente entre gritos de júbilo, vivas y música festiva. Federico se dejó arrastrar por la multitud, aunque devolvió su mirada a su amiga Carmen, quien le hizo una señal de que se dejara llevar. Federico obedeció con cierto miedo ante la incertidumbre, pero sin otra opción que seguir hacia delante. El poeta avanzaba empujado por el gentío que se agolpaba a su alrededor. Pasaba de un lado a otro tirado por las manos que le estrechaban, los abrazos apretados de otros, los besos sonoros de las mujeres del pueblo... Y a cada una de las personas que recordaba e identificaba de aquel septiembre de 1931, cuando fue a inaugurar la biblioteca. De golpe, de nuevo, estaba allí delante, en la misma mesa, con aquella alocución que nunca pensó que sería casi el testamento de su amor por la cultura. El pueblo empezó a tomar asiento como podía. Nadie quería perdérselo. Las autoridades, en un primer término, pero las mujeres y los hombres se agolpaban por detrás. Los niños y las niñas descansaban en las piernas de sus padres, sentados, o en los brazos de sus madres, que los alzaban mientras ellas estaban de pie. De pronto, se hizo el silencio, y Federico sintió incluso cómo los chopos del pueblo decían de nuevo su nombre, como un impulso para continuar. Recordó que aquel día de 1931 ya evocó a aquel niño que creció entre aquella plaza, aquellas acequias, aquella fuente, sus árboles y su tierra fértil. Esperó a que se produjera el mayor de los silencios y, solo entonces, aprovechó para recordar aquel texto.

«Queridos paisanos y amigos:

Antes que nada yo debo deciros que no hablo, sino que leo»...

Tengo un deber de gratitud con este hermoso pueblo donde nací y donde transcurrió mi dichosa niñez por el inmerecido homenaje de que he sido objeto al dar mi nombre a la antigua calle de la iglesia. Todos podéis creer que os lo agradezco de corazón, y que yo cuando en Madrid o en otro sitio me preguntan el lugar de mi nacimiento, en encuestas periodísticas o en cualquier parte, yo digo que nací en Fuente Vaqueros para que la gloria o la fama que haya de caer en mí caiga también sobre este simpatiquísimo, sobre este modernísimo, sobre este jugoso y liberal pueblo de la Fuente.

Federico prosiguió leyendo su alocución, como aquel día inolvidable, mientras al fondo de la sala una mujer le escuchaba con lágrimas en los ojos. No era la única. Cada persona conservaba, en su memoria clavada y en su corazón atravesado, alguno de los párrafos que Federico había escrito y que, a pesar del paso del tiempo, seguían perteneciendo al día de hoy:

No sólo de pan vive el hombre. Yo, si tuviera hambre y estuviera desvalido en la calle, no pediría un pan, sino que pediría medio pan y un libro. Y yo ataco desde aquí violentamente a los que solamente hablan de reivindicaciones económicas sin nombrar jamás las reivindicaciones culturales, que es lo que los pueblos piden a gritos. Bien está que todos los hombres coman, pero que todos los hombres sepan. Que gocen todos los frutos del espíritu humano porque lo contrario es convertirlos en máquinas al servicio del Estado, es convertirlos en esclavos de una terrible organización social.

¡Libros! ¡Libros! Hace aquí una palabra mágica que equivale a decir: «amor, amor», y que debían los pueblos pedir como piden pan o como anhelan la lluvia para sus sementeras.

Porque contra el libro no valen persecuciones. Ni los ejércitos, ni el oro, ni las llamas pueden contra ellos; porque podéis hacer desaparecer una obra, pero no podéis cortar las cabezas que han aprendido de ella porque son miles, y si son pocas ignoráis dónde están.

Los libros han sido perseguidos por toda clase de Estados y por toda clase de religiones, pero esto no significa nada en comparación con lo que han sido amados.

Y sabed, desde luego, que los avances sociales y las revoluciones se hacen con libros y que los hombres que las dirigen mueren muchas veces como el gran Lenin, de tanto estudiar, de tanto querer abarcar con su inteligencia. Que no valen armas ni sangre si las ideas no están bien orientadas y bien digeridas en las cabezas. Y que es preciso que los pueblos lean para que aprendan no sólo el verdadero sentido de la libertad, sino el sentido actual de la comprensión mutua y de la vida.

Y un saludo a todos. A los vivos y a los muertos, ya que vivos y muertos componen un país. A los vivos para desearles felicidad y a los muertos para recordarlos cariñosamente porque representan la tradición del pueblo y porque gracias a ellos estamos todos aquí. Que esta biblioteca sirva de paz, inquietud espiritual y alegría en este precioso pueblo donde tengo la honra de haber nacido.

A esa altura, a un par de frases de concluir el texto, Federico ya no pudo más. El nudo que había intentado combatir durante toda la lectura de la alocución a su pueblo ya asfixió su garganta. El pueblo rompió en un aplauso sobrecogedor, mientras él se levantaba de su silla y se abrazaba de nuevo con autoridades y paisanos que no le dejaban escapar. De pronto, entre quienes asistían, adivinó un vestido que produjo un giro en su corazón. Intentó esquivar a un par de personas para estar seguro de su sensación, que certificó segundos después. El vestido verde que le dio a su creada Adela estaba puesto ahora en la persona a la que siempre perteneció, su prima Clotilde. Ella tiró del poeta para sacarlo de la sala, entre el barullo de gente, hasta que le hizo cambiar de rumbo, girar por detrás de aquel espacio y alcanzar una puerta que la joven abrió.

De golpe, Federico se dio cuenta de que las voces del pueblo habían cambiado por el sonido de unos pájaros y el temblor de unas hojas sacudidas por el viento. Ahora pisaba tierra y hierba verde, y comprobó cómo acababan de traspasar uno de los chopos del bosque al que habían llegado. La joven cerró una puerta de madera camuflada en el tronco del árbol bajo la mirada de un Federico sorprendido por aquella especie de magia. Cuando giró y cruzó sus ojos con el poeta, los dos se entregaron en un abrazo que resultaba más sorprendente que lo que acababa de suceder en ese bosque. Clotilde era una de sus primas preferidas. La que lo sacó por primera vez a un escenario y la propietaria de la Huerta del Tamarit. La que le hacía un arroz arriero que le quitaba el *sentío*, pero, sobre todo, fue su inspiración para crear a Adela, porque aquel desafiante vestido verde fue el que ella no pudo estrenar por la muerte de su abuelo, y decidió ponérselo para que lo vieran las gallinas.

—Escucha —le advirtió Clotilde, llevando su vista a la copa de los chopos.

—Federicoooooo... Federicooooooo... —interpretó él, con una voz de ultratumba—. Aún los escucho pronunciar mi nombre.

La prima sonrió y empezó a andar entre los árboles, dejándose balancear cuando rodeaba cada tronco con una de sus manos.

—Primo, estaba muy emocionada viéndote al fondo de la sala... Al final, ¿ves cuánto te quiere la gente? Quizás había entre el público incluso algún antiguo amor.

Federico paró en seco ante aquella insinuación y, en ese instante, se percató de que quizás en este viaje podría cruzarse con antiguas parejas. Y, para eso, no se sentía preparado. Quiso pensar, para sí, que debía desterrar esa idea de la cabeza y avanzar tras su prima, que le sacaba varios metros de adelanto.

—¡Qué hubiese sido yo sin las raíces de Fuente Vaqueros! Amo la sencillez. Toda mi infancia es pueblo. Pastores, campo, cielo, soledad, los bichos de la tierra, los abejarucos y las cigarras, las mariposas, el cielo, la soledad, los pastores, el trigo, los animales, las gentes campesinas... —deslizó, con una sonrisa cómica que se tornó en nostálgica—. Mis sentires arrancan aquí como las semillas agarran a la tierra. Aquí aprendí a ver y a oír. Aquí aprendí a ser. Aquí aprendí lo que era la injusticia. Y aprendí a escuchar vuestras historias, como mujeres, que luego quise llevar a todos los rincones del mundo. ¿Sabes que, quizás, tu Máximo escuchó alguna vez la historia de Doña Rosita?

Federico se refería al primo de Clotilde. Fue novio de ella durante años hasta que, como Doña Rosita, marchó a Yucatán. Allí se casó... y nunca regresó.

—Quizás —sostuvo ella, desviando la mirada—. Al final, si mi historia llegó a todos los rincones, él será juzgado ante los ojos de los demás. Yo tuve la capacidad de ser Doña Rosita solo un momento, porque yo no fui capaz de esperar para siempre. Y ojalá ninguna otra mujer caiga en el error de esperar, porque no cambian. Y porque aprendí que merecemos vivir.

—El amor, como nosotros, también nace, se vive y muere.

—Y cuando muere, no debemos irnos con él.

—A veces pensé que podía morir de amor y, para consolarme, en ocasiones me justifico que quizás morí por ello —compartió, Federico—. Que mi amor a las palabras, a la cultura y a la vida cavó mi propia tumba. —Hizo una pausa cuando pronunció aquello—: Prima... quienes tenéis una tumba, ¿vais a verla? ¿Podéis visitarla cuando estáis ya en este espacio del más allá?

—Podemos..., pero nadie quiere, salvo cuando llegamos a ella. Es como si deseáramos confirmar que ya no estamos en el mundo y asumir la verdad.

—¿A qué edad...? —deslizó.

—A los 96, primo. Me fui a los 96 años.

Federico hizo una pausa entre aquella caminata, pensando en cuántas cosas hubiera podido hacer de haber llegado a la edad de su prima. Cuántas obras, cuántos personajes, cuántos poemas habrían brotado de su corazón y de su alma. Un alma que en ese momento, cuando elevó la mirada al punto donde se había abstraído, observó que su prima se había alejado. Seguía pasando de árbol a árbol, caminando en zigzag de derecha a izquierda. Rodeaba con su mano izquierda el tronco izquierdo que quedaba en su camino y se dejaba balancear hasta que con ese impulso se iba al lado derecho, y hacía lo mismo con su otra mano en otro chopo. Federico empezó a llamarla y a acelerar el paso, temiendo perderse en el camino. Su vestido verde, con su paso fugaz, comenzaba a camuflarse entre el propio paisaje del bosque.

—¡Prima, para! ¡Clotilde! ¡Clotilde! ¡Espérame! ¡No me dejes solo!

Gritaba, mientras recordaba a aquel niño que iba tras su prima cuando era pequeño, en busca de su guía. En un momento, a lo lejos, Federico percibió que en lugar de dejarse impulsar por el siguiente movimiento, ella giraba sobre el mismo árbol y lo rodeaba. Pero en aquella vuelta, la persona que estaba de regreso hacia él ya no era la misma. A unos pocos metros, aunque no veía con total claridad, le parecía una silueta inconfundible.

—Rosita… ¿Eres tú?

La joven adelantó sus últimos pasos y se descubrió bajo un haz de luz que se colaba entre dos chopos.

—¡Cómo íbamos a dejarte solo en esto!

Federico corrió a sus brazos y, precipitadamente, la palpó y le sujetó la cara para comprobar que aquello era cierto y no un sueño.

—Pero ¿qué haces aquí? ¿Estáis todas? —preguntó, mirando hacia el fondo del bosque, por si llegaba alguien más.

—No, no, calma. Estamos todas en la Huerta, protegiendo la casa.

—¿Está madre allí? —preguntó, desesperado—. ¿Me voy contigo?

—No, no está. Y no, no puedes. Debes hacer tú solo este viaje—sostuvo, con un gesto de pesadumbre que Federico adivinó.

—¿Qué me ocultas?

—Federico, vienen a por ti.

—¿Quiénes?

—Los mismos que te llevaron. Conjuradora quiere que cruces con este viaje al más allá. Es la única forma de ponerte a salvo porque, si ahora dieran contigo o con cualquiera de nosotras, sí podrías desaparecer para siempre.

El poeta hizo una pausa, mezclada de dolor, de rabia, de impotencia, de pena y de lamento.

—¿Y... Conjuradora me puede asegurar, si voy a ese más allá, si de verdad me salvaré...? ¿O me quedaré atrapado en este espacio que me aterra y me empequeñece?

—No puedo darte respuesta, amigo. Salvo la certeza de que nosotras, si logras pasar al más allá, te dejaremos de ver para siempre pero nadie podrá borrarnos. Y Conjuradora nos ayuda a... Bueno, que a eso vengo, amigo. A despedirme de ti.

Federico quedó paralizado unos segundos. Se dejó caer de rodillas y luego derribó su cuerpo sobre el tronco de un árbol donde descansar. Rosita le acompañó.

—No me gusta —sostuvo, cabizbajo.

—Ni a mí me gustan las despedidas, pero forman parte de la vida.

La miró con dulzura y, a la vez, cambió su semblante de lamento por uno más conformista.

—Mira mi caso. Para el fin que tuve, que me arrancaron la vida sin mediar palabra, siento ahora que es un privilegio despedirme. Doloroso, pero necesario, ¿verdad?

—Sabes bien que, en el fondo, yo siempre necesité despedirme de primo. No hacerlo supuso una carga a cuestas toda mi existencia. Hay despedidas que liberan. Estoy muy orgullosa de ti —sostuvo la joven.

Federico se conformó, acarició el tronco del árbol, deleitándose en el tacto rugoso de aquella corteza protectora. Eran los mismos chopos que él abrazaba de joven, a los que susurraba sus secretos más íntimos mientras intentaba, apoyado sobre ellos, escuchar su corazón.

—Si hubieses llegado hace unos minutos habrías visto a mi prima Clotilde, mi inspiración para ti. Sabes bien que no fuiste la única con esa vida. Que la España más gris dejaba a mujeres apartadas de su sociedad, como objetos que no merecían otro porvenir. Si hubieras conocido a mi Emilia Llanos, que aún le pido perdón… ¡Ay, pobres de las solteronas de las que cuchicheaban a sus espaldas y a las que el pueblo señalaba! —Federico hizo un resoplido tras reflexionar—. ¡Como me señalaban a mí por no casarme, por no tener más novias a mi vera, por no tener hijos…! Y te despojan con sus palabras, te destripan, intentan meterse en ti y te dejan desnudo ante los demás sin que se les caiga la cara de vergüenza. Pero sus miserias nunca las muestran. Solo las de los demás, los que no cumplimos con sus deseos mientras quieren vernos marchitar para compensar sus amarguras… Hay gente que nunca te quiere ver feliz. Mi prima Clotilde lloró mucho por su pareja, solo que ella… esperó algo menos que tú.

—Fue una mujer sabia.

—No es sabiduría, no te culpes. Era cultura y ese qué dirán que nos atan desde que nacemos. Como tú, hubo muchas otras. No pienses que fue solo literatura o poesía. Porque la sociedad bien se encargaba de marcar tu destino, en una espera infinita.

Rosita meditó hacer una pregunta. Solo el saber que sería la última vez que podría verlo le dio el arrojo suficiente para formularla.

—¿A ti te dejó algún amor?

Federico se limitó a asentir.

—¿Sabes? —desvió—... cuando escribí tu monólogo, mis dolores del alma también estaban ahí. ¿Recuerdas aquello de «El más terrible de los sentimientos, es»…

Rosita pronunció, a la vez, el resto de la frase:

—… el de tener la esperanza muerta».

—Yo sabía, letra a letra, lo que era tener la esperanza no marchita, sino acabada. ¿Sabes que pensé mucho en esa frase la noche en que me mataron? No hay esperanza más muerta que cuando sabes que vas a morir y que nada ni nadie te ayudará a evitarlo. Cuando te dejan como a una rata temblando en el rincón de una pared, acorralada... Pero, la verdad es que cuando la dejé ahí escrita, para siempre, ya me habían lastimado el corazón y me habían hecho muy pequeñito ante el dolor, que siempre me devoraba durante días. Aunque yo, sin que fuera carnaval, me ponía la máscara del Federico sonriente para disfrazar aquel malestar. Y, ahora, en todo este tiempo vagabundo, me he dado cuenta de que, como tú, al fin y al cabo, aunque me lo negara a mí mismo, siempre esperé.

—¿Esperaste a que algún amor regresara?

—En verdad, Rosita, ni tú ni yo esperamos que ellos regresaran. Tú no esperabas la vuelta de tu primo.

—¿Entonces?

—Cuando esperamos a alguien, no aguardamos solo su regreso. Lo que esperamos es que nos vuelva a querer.

Rosita reparó en aquel matiz que daba la vuelta a todo.

—Cuando se marcha lejos esa persona, ese amor también se va.

Federico asintió.

—Y ahora pienso: «y... ¿para qué tanto dolor?». Si en esta vida me llegan a decir que me quedaba tan poco tiempo, quizás —hizo una pausa—... Ahora caigo de nuevo en el monólogo que te escribí, cuando dije: «Sigo dando vueltas y vueltas por un lugar frío buscando una salida que no voy a encontrar...». Y date cuenta dónde he estado y dónde estoy. Que estoy condenado a permanecer en un lugar frío, lejos de los míos. Vuestra presencia era lo único que me consolaba, y solo pensar ahora que puedo dejar de veros para siempre, me termina de helar el corazón.

—No pienses más, Federico. ¿Sabes lo que he traído?

—¿El qué? —cuestionó mientras comprobaba cómo Rosita sacaba de la manga de su vestido una sorpresa.

—Te he traído otro avión de papel.

—¿Sabes lo que ocurrió con el anterior?—pronunció un Federico emocionado, que no dejó ni contestar—: Mamá..., mamá me respondió.

Y escribió con su propia letra que me espera. Tengo que llegar hasta ella sea como sea. En verdad, es el único motivo por el que me he dejado arrastrar en este viaje.

—Pues vamos a pedir ese deseo. Esta vez no lo escribamos. Pero vamos a pedirlo.

Rosita le invitó a ponerse de pie y, de inmediato, le hizo seguirla hasta unas piedras, cerca de la ribera de los juncos. Federico no le perdió la pista hasta alcanzarla. Subió por aquellas rocas de antaño hasta que pudo ponerse de pie con su ayuda. Y, desde allí, lanzaron con sus manos juntas aquel avión hasta verlo flotar en el aire.

Aquel instante se rompió de golpe cuando Federico sintió unas pisadas entre la tierra. Miró hacia Rosita, pero ella ya no estaba. Su corazón se aceleró. El sol se escondió entre las nubes y el verde intenso del bosque se apagó. Ahora no sentía que lo llamaban los árboles, sino la voz de un hombre que no paraba de citarlo, a la vez que el crujido de hojas con las pisadas se hacía cercano. Notaba en aquella presencia una amenaza. No era nadie de los suyos. Tenía la certeza de que era alguien que venía a por él. Federico se dejó resbalar entre las piedras con torpeza y, a pesar de que lo suyo nunca fue correr, aceleró el paso todo lo que pudo. Miraba a ratos hacia atrás, intentando no tropezar con los chopos que sorteaba, pero solo intuía sonidos y sombras negras imposibles de identificar. En su cabeza ya no estaba el ruido de la naturaleza. Ya solo escuchaba su nombre repetirse sin pausa, cada vez de forma más intensa, y el sudor se mezclaba con el frío interior que sentía su cuerpo. De pronto, un brazo tiró de él arrastrándolo tras una arboleda y una mano se puso sobre su boca. Su cara de terror se relajó en cuanto vio que era Rosita.

—Federico, vienen a por ti. Huye, sigue por este camino. Recto siempre, y llegarás a tu otro pueblo. Debes continuar el viaje.

El poeta, algo bloqueado, intentó reaccionar, sin pronunciar palabra, con una mirada, donde el miedo a que pudiera desaparecer para siempre se convirtió en terror. Rosita le empujaba a seguir por donde le había indicado y, mientras él avanzaba con premura, miró a la joven y le lanzó un beso. Se metió la mano en el pecho, para buscar un pañuelo con el que secar el sudor que caía sobre sus ojos, y sintió que del mismo brotaba algo. Extrajo con su mano lo que llevaba en el interior, y lo identificó de inmediato. Hasta el punto de que decidió desandar esos metros y regresar hacia Rosita. La joven, cuando lo vio, le dio órdenes para que se alejara. Federico desobedeció y fue hacia ella directo. Tomó su mano y sobre ella descansó unas cuartillas. Todas, como siempre hacía, escritas a tinta y lápiz, a una sola cara y numeradas.

—Es tu manuscrito. El manuscrito auténtico de *Doña Rosita la soltera*. Dolores me dijo que también irían a por vosotras. Por eso acaba de brotarme esto desde mi pecho. No pueden quemar vuestros originales porque entonces vosotras y vuestras historias desaparecerían para siempre. Conserva esto contigo. Que nadie se haga con ello.

Rosita sintió sobre ella el peso de una guardiana de su propia historia y el beso cálido de Federico sobre su rostro. Él, en cambio, notó un golpe helado al corazón, a la par que miró hacia el cielo recortado entre los chopos, que habían cambiado su tono y sonido, y recordó…

Dulce chopo,
dulce chopo,
te has puesto
de oro.
Ayer estabas verde,
un verde loco
de pájaros
gloriosos.
Hoy estás abatido
bajo el cielo de agosto
como yo bajo el cielo
de mi espíritu rojo.

Cuando Rosita se aseguró de que el poeta se había alejado lo suficiente, se giró y comprobó cómo un grupo de sombras negras caminaban hacia ella.

Asquerosa

La espesa niebla que había rodeado a Federico en el bosque de chopos se disipó de forma rápida para identificar aquel paisaje. Tras aquellos minutos eternos que anduvo ya no estaba el verde alegre de Fuente Vaqueros, sino el terrizo de Asquerosa, el pueblo donde su familia se mudó cuando él era pequeño. Recordaba las conversaciones «de mayores» por entonces, y haber oído decir que se mudaban a ese pueblecito cercano por razones del trabajo del padre, cuyos negocios eran muy prósperos. El pueblo cambió ya a otro nombre, Valderrubio. Federico recordaba de allí la casa de calle Iglesia, el olor a tierra, los veranos en la Vega cuando dejaban Granada capital, los rumores de las vecinas, los muros blancos... y que aquí estaba el origen de *La casa de Bernarda Alba*.

Notó, a sus espaldas, cómo unos dedos dieron un par de toques sobre su hombro. Cuando se giró vio a una mujer que tardó unas milésimas de segundo en reconocerlo y, enseguida, se abrazaron con ganas. María Mata había sido su casera de Valderrubio, pero también su compañera de juegos de títeres y risas en muchas de sus escapadas.

—No sabía que te encontrarías aquí...—respondió él.

—Me fui a Pinos Puente, pero mi memoria está aquí, en vuestra casa, en los tuyos, y en ti... Te prometo que dediqué parte de mi vida a recordar tu nombre y a hablar de ti a cualquiera que me preguntara. Y, últimamente, a ratos, tengo lagunas de olvido, pero tu presencia me ha despertado hasta los recuerdos que ya creía desterrados. —La mujer miró hacia la lejanía, con un refrán de antaño que él bien conocía—: «Hay nubes por Parapanda, lloverá aunque Dios no quiera».

Los dos caminaron un buen rato por los límites del pueblo, y María le puso al día de cómo respiraron aquellas calles tras su muerte. Sobre todo, porque las envidias, rencillas familiares y odios hacia Federico se tramaron y se plantaron también entre las paredes de esas casas y entre algunos de sus habitantes. Andando, alcanzaron la ribera del río Cubillas, donde Federico se vio con diez y doce años escribiendo por primera vez con el sonido del viento y del agua. María le recordó al poeta la anécdota de cuando él se fue con unos amigos a la Fuente de la Teja, se rompió el pantalón por detrás al subir un árbol y llegó a casa tapado por una sombrilla.

—¡Mira que eras presumido, muchacho! —espetó la mujer.

—¡Cómo iba a llegar tan poco presentable a casa, María! —expresó Federico, quien hizo una pausa contemplando de nuevo aquel paisaje de

antaño que tanto le había marcado—. La vida de campo me llevó a la tierra para ver los detalles: las labores agrícolas, el ciclo de la naturaleza, el paso de las estaciones, las hormigas que transportan la comida, la abeja que se acerca a la flor sin ser consciente de que trabaja, la araña que se teje su tela para vivir, los primeros poemas, el embrujo de la música... Toda mi obra son los elementos de la naturaleza: tierra, agua, aire y fuego. Toda mi obra está repleta de los sonidos de estas gentes y sus bestias: de los caballos pasionales que relinchaban, de las navajas abiertas al aire, las romerías, de la luna que habla de noche, de los pozos sin agua, de los ríos caudalosos y las acequias pensativas, de la tierra fértil o la que no da frutos, del rocío espectral, de las madres y el luto, de las fraguas, de las espigas... Soy todo pueblo. Por eso, aunque me convertí en señorito de ciudad, mi impresión trágica nace de estas tierras. Y por eso siempre me dio amargura el abandono del obrero en el campo.

—Fuiste mucho más que el pueblo. Tú veías más allá, donde el resto no era capaz. Mira hasta dónde fuiste capaz de llegar —desveló María.

Federico hizo una pausa, con la conciencia de su mala suerte en comparación con la de sus vecinos. Y se acordó de aquella amiga de Fuente Vaqueros que faltaba al colegio los días en que la familia se quedaba en casa encerrada, mientras esperaba a que se secara al sol la única ropa que tenían cuando la lavaban. Y él pasaba ante su puerta, aguardando a que se abriera y saliera su amiga ya vestida para ir a jugar.

—¡Qué hubiese sido de mí sin el pueblo, pero también sin mi padre rico y mi madre maestra! ¡Sin poder salir de aquí, ni ir a Madrid, ni a Barcelona! ¡Qué hubiese sido de mí sin tener un piano ni un lápiz para escribir, ni un libro que leer...! Habría muerto seco como la espiga. Habría muerto mi poeta.

—Pero quizás habrías vivido, Federico, habrías vivido —lamentó, María.

—O quizás no, porque sin dedicarme a mi poesía habría pasado por esta vida como un difunto. Ya se lo dije a mis padres, que a mí nadie me podía cambiar. Que yo nací poeta y artista, como el que nace cojo, como el que nace ciego, como el que nace guapo...

—Y bien guapo que eras, con tu alegría y emoción, mi niño —expresó la mujer mientras lo abrazaba ante la ribera del río—. De haberte quedado, doy por hecho tus días infelices porque no estuvo permitido ni siquiera pensar. Que tres días antes que a ti, también mataron a mi padre...

Federico se detuvo abrumado.

—No lo sabía. Siento que pasaras por ello. ¿Te has encontrado con él en el más allá?

—Sí, puedo verle cuando quiera... ¿Tú no has visto a tus padres?

—Aún no —confirmó decepcionado—. A nadie.

—Eso solo pasa a las almas condenadas y castigadas... No pueden hacerte eso —se indignó su amiga.

—Quizás —prosiguió Federico—, si hubiese alentado a que se matara o se persiguiera a alguien, habría representado un peligro ante los ojos del pueblo, pero mis deseos siempre fueron de unión. Incluso no había mensaje más cristiano y justo que el que yo decía ¡No entiendo por qué estoy muerto!

María lo rodeó con sus brazos para calmarlo y pensando en qué motivos podía haber para condenarlo tras su muerte a un destino así. Sabía que eso también solo ocurre cuando hay tantas otras almas enemigas que no desean el descanso de alguien, pero no se lo quiso confesar. En ese abrazo, su amiga abrió los ojos y comprobó que, a lo lejos, los estaban observando. Estrechó aún más a Federico y aproximó la cabeza a su oído.

—Las nubes ya están aquí y nos miran, amigo. Quienes te odiaban en este pueblo nos rodean. Siempre vuelven. —Federico hizo el ademán de separarse y mirar hacia atrás, pero ella le frenó y pegó aún más su cuerpo contra el suyo—. No te des la vuelta. Sigue hasta la antigua Cuesta de Ajea, donde estaba la casa del guarda del cortijo de tu padre. Al lado de la fábrica de remolacha estaba el apeadero de San Pascual. Y espera al Corto, el trenecillo. Pase lo que pase…, te quiero, amigo.

Fue entonces cuando él estrechó aún más el cuerpo de su amiga como última despedida y, cumpliendo con sus instrucciones, se adentró camino a su destino. Cuando llegó divisó a lo lejos la corta locomotora, con dos vagones. Subió como antaño, cerró la ventanilla para evitar que la carbonilla dañara sus ojos y se sentó. Cuando el tren arrancó, supo que aquel era el adiós definitivo a sus raíces. Dejaba atrás al niño Federico. Ahora sí, para siempre.

Granada

Cuando llegó a la estación de Granada, Federico divisó en alto, desde su tren, el trajín de pasajeros deambulantes y apresurados, almas solas como él, que se disponían a coger todo tipo de locomotoras, buscando otros destinos donde encontrarse con otras ánimas. El sonido del acero y del hierro, del silbato de los trenes y de sus frenos, era superior al del suave murmullo que emitían aquellas almas vagabundas. Ilusionado, el poeta decidió descender, pero fue poner un solo pie en el suelo y se vio rodeado por un espeso humo negro que acababa de lanzar la locomotora, hasta engullirlo por completo. Permaneció un rato quieto, con los ojos medio cerrados entre aquel polvo que le produjo una intensa tos. Intentaba de forma torpe, con sus manos, apartar aquella humareda ante sí. Poco a poco sentía cómo el sonido de aquella estación se cambiaba por un bullicio reconocible del pasado. Esperó, retiró las últimas volutas de humo negro y descubrió que ya no estaba en la estación, sino ante la puerta del antiguo café Alameda, en el centro de la ciudad.

Entró y el viaje en el tiempo era real. Todo permanecía igual, con sus sillas pesadas de madera y sus sólidas mesas de mármol. Allí Federico empezó cómo músico y, con el tiempo, sorprendió a todos sus amigos con sus inicios en la escritura. Nada más llegar se dio cuenta de que, en ese más allá, estaban todos juntos como si el tiempo no hubiera pasado. En cuanto sintieron su presencia, sus amigos de entonces rompieron en un aplauso y ofrecieron una copa a Federico para brindar, conforme él avanzaba por el café hasta intentar llegar a su destino de siempre, unas mesas apretujadas en una esquina que daban nombre al *Rinconcillo*, detrás de un pequeño escenario con un quinteto de cuerda con piano. Lejos de los círculos más conservadores, tradicionalistas y localistas, allí conversaban sobre cultura algunos de los granadinos más representativos años después.

—Pero ¿cómo has tardado tanto, Federico? ¡Con lo que te hemos buscado! —exclamó Melchor Fernández Almagro, crítico literario que le acompañó buena parte de su vida en Madrid.

—¿Qué hacéis aquí todos? —preguntó, mientras era arrastrado por la multitud que se agolpaba en el local.

—El alma de la gente se queda en los sitios donde fue feliz…, y aquí estamos, a ratos. Brindo por ti, amigo —respondió Paquito Soriano levantando su copa—. No le hagas caso a Melchor, que cuando te fuiste estuvo escribiendo para los que te mataron.

—¡No saques la política, no saques la política! —respondió el otro, de inmediato—. ¡Que te fuiste a la sepultura antes de la guerra, y fue por tu gordura!

—Mejor que me mataran mis kilos que la derecha de esta ciudad, para la que fui su pesadilla. No le oigas, Federico. Sigue saludando, y luego te cuento la cantidad de libros que te quería haber dado y no pude.

Federico intentaba asimilar todo mientras era trasladado sin criterio por aquellas conversaciones impulsivas. Avanzó unos pasos y la música de cuerda le guio hasta saludar y preguntar de lejos al guitarrista Ángel Barrios dónde estaba Falla, a lo que su amigo le saludó con una sonrisa, pero confirmando que el músico no estaba allí, ni tampoco Fernando de los Ríos ni su hermano Paco. A continuación, Federico levantó la mano como saludo a José Mora Guardino.

—De haber sabido en 1933, en Montevideo, que sería nuestro último encuentro, habría intentado que no fuera tan frío. Te pido disculpas por ello —le expresó el escritor.

—Tranquilo, compañero —matizó Federico—. Cuando te asalté en la calle y te pregunté si eras tú, allá por 1916, no fuiste nada frío y por ello te invité a casa. Hay recuerdos de trato que no se me olvidan… ¡Ni muerto!

Mora se despidió de él entre risas, subiendo dos dedos a su sien, y Federico avanzó hasta encontrar un asiento en el *Rinconcillo* junto a una persona que ablandó su corazón: Emilia Llanos, una de las mujeres más cultas e inteligentes de toda Granada, quien le animó a escribir desde sus inicios . Ella era la confidente en tantas tardes en que Federico se agobiaba por no poder ser poeta, la mujer que más pudo amarlo, pero novia imposible, y la que luego se obsesionó tanto con su recuerdo que lo veía vivo incluso cuando ya estaba muerto. Se levantó nada más verlo entrar, para darle un abrazo e invitarlo a sentarse.

—No sabes bien la culpa que llevo a mis espaldas desde que te fuiste, Federico. Rompí relaciones con mi hermano y no dije a tus padres toda la verdad —se lamentó—. Al final, te tenías que haber refugiado en mi casa. Yo era quien iba en busca de Falla para darle aviso, y, en cambio, me avisaron de tu muerte… No llegué a tiempo, no te protegí, pero tenía tanto miedo por lo que se decía que hacían a todo el mundo, y más a las mujeres… Yo morí sin dejar de pronunciar tu nombre cada día para que nadie se olvidara. Ni yo misma…

—Amiga… —suspiró—, sabes que siempre te quise de una forma especial y profunda.

—Aun muertos, solo con una mirada, tú y yo hablamos.

Él sonrió, conforme, y apretó una de sus manos.

—Qué fue de vuestros destinos.

—Si no te hubiesen matado, Federico, te habrían matado en vida, como a mí —interrumpió Hermenegildo, el creador de los títeres de cachiporra de la representación de Federico en 1923. Al poeta se le inundó de emoción el rostro ante su presencia, pero comprobó cómo se escondía tras un pequeño escenario de cartón para marionetas.

—Pero, hombre, espera, que quiero preguntarte…

—Escucha —interrumpió Emilia—, que Hermenegildo te va a contar todo lo que sucedió. Sobre todo con él… Le dolió tanto lo vivido que es incapaz de narrarlo, y se refugia en esta falsa ficción para expresarlo desde una distancia diferente.

La escasa luz de la estancia descendió, dejando solo una iluminación muy tenue centrada en aquel escenario cuyo telón cayó. Cuando se levantó, mostraba un fondo de una Granada oscura y de noche que, con rapidez, Federico identificó como pintura de Manuel Ángeles Ortiz. De fondo, la guitarra de Ángel Barrios ambientaba la historia que el propio Hermenegildo empezó a narrar.

A MO

Érase una vez, una ciudad que latía de vida, de raíces musulmanas y cristiana, y de ansia de cultura y riqueza intelectual. Así fue hasta que un día, unas sombras oscuras se rebelaron ante las intenciones de evolución y cambio, buscando y callando a todo lo que fuera un desafío. En la noche del 20 de julio…

El primer títere que apareció fue el de Manuel Fernández Montesinos, feliz tras la toma de posesión de su alcaldía en la ciudad, el 1 de julio de 1936. En la puerta de la institución, de pronto, aparecieron por el otro lado del escenario una persona vestida de negro, acompañada de otras que, a punta de pistola, se llevaba a un Manuel que gritaba tras ser acorralado. Federico desencajó los rasgos de su cara, pues temía también por el final de su esposa, nada más y nada menos que su hermana Concha; y también sintió miedo por sí mismo. El escenario del teatrillo se deslizó para mostrar ahora una pintura de noche con estrellas ante la tapia del cementerio de Granada, y el sonido de la guitarra cambió con unos tonos más graves e inquietantes.

Firmeeees
Primera rodilla al suelo…
Apunten
Abraaaaan fuego.

El sonido de los disparos retumbó y Manuel cayó al suelo. Sobre la misma imagen de la tapia del cementerio iluminada, la voz de Hermenegildo ocupó todo el protagonismo bajo la noche con luna.

Días después del 16 de agosto, el poeta más universal de Granada, Federico García Lorca, fue asesinado. Y con él, el periodo más oscuro cubrió a toda la ciudad.

Federico suspiró aliviado por no ver representado su propio asesinato. Y esperó a que el escenario oscureciera aún más. Ahora la ciudad de Granada se dibujaba entre tinieblas y luces muy apagadas que solo marcaban la silueta de una Alhambra como testigo. Sobre el camino, aparecía un nuevo títere. Era el propio Hermenegildo, que regresaba feliz después de participar en las Misiones Pedagógicas de la República y de haber recibido, hacía unos días, una felicitación por su papel en la apertura de la Escuela Elemental de Trabajo. De pronto, otros de negro y con armas interrumpieron su paso, lo apalearon y se lo llevaron a rastras. En escena, un nuevo Hermenegildo, solo, que, en esta ocasión, ni siquiera pudo verbalizar su vida. Emilia fue consciente de su incapacidad de narrar y puso la voz que él no tenía.

Y fue entonces cuando Hermenegildo fue retirado de la plaza de profesor que alimentaba su alma, acusado de ser amigo de Fernando de los Ríos, sin sueldo y con un expediente de depuración. Su amigo Falla mediará para que le devuelvan su plaza, y será enviado a Logroño, a un puesto que nunca existió. Hasta 1938 no pudo regresar a Granada y, en 1940 se le prohibió ejercer cargos públicos durante cinco años. Hundido en la ciudad, sin apenas amigos por estar muertos o en el exilio, una marioneta de hilos llamada Totolín le dará una leve esperanza, frente a los diferentes asaltos y robos en su casa. Obligado a asistir a cursos de adoctrinamiento del Régimen, cuando regresaba de uno de ellos, se desmayó en la calle y murió en 1949.

—Ay, amigo… —suspiró Federico con pena, interrumpido por la voz de un Hermenegildo que se recomponía en su papel de narrador.

Y fue así como las sombras oscuras mataron en vida a quienes no pudieron matar frente a una tapia. Y fue así como ganaron. No con la razón, sino amordazando bocas y palabras de cambio para que no hubiera nada más, salvo el triunfo de las suyas. Y fue así como Granada, toda Andalucía y toda España se cubrieron de un manto negro de muerte y luto.

Las lágrimas de Federico ya eran incontenibles. No podía parar de pensar en quién iba a decirles a ellos, en aquellas reuniones en el *Rinconcillo* en las que se sentían inmersos en los cambios y las vanguardias, que sus destinos serían tan fatales. Sus lágrimas se cortaron en cuanto los presentes se alertaron ante unos hombres de oscuro que pegaban a las puertas del café Alameda, preguntando por Federico en voz alta. Mientras daban el aviso unos a otros, en el concurrido café, Emilia y Hermenegildo ayudaron al poeta a escapar por la parte trasera del local, sin darle apenas tiempo de despedirse de ellos como hubiese querido. Se encontró de nuevo solo, en una calle casi sin luz, sin dirección, sin un camino claro, hasta que sintió el siseo de una mujer entre la oscuridad.

—¡Por aquí! ¡Ven!

Entornó un poco los ojos hasta ver, con más claridad, una silueta que él mismo había creado.

—¡Ay, mi Marianita Pineda! ¿Qué haces aquí?

—Lo mismo que tú, amigo, huir de las sombras en esta Granada que no nos da libertad.

—Quién iba a decirme, mientras intentaba ponerme en tu piel cuando escribía qué dirías antes de morir en mi obra, que yo tendría igual destino y que tú llevarías tanto de mí. Que parte de tu angustia sería la mía propia tiempo después. Que tendríamos miedo de la misma ciudad donde convivíamos con nuestros verdugos. Que los dos íbamos a saber cómo son esos segundos finales antes de que nos atravesara la muerte.

—Quién iba a decirnos, Federico, que la política que rompe esquemas y prejuicios nunca sería tolerada por los intransigentes. Quién iba a decirnos, amigo, que la libertad tendría un precio tan alto. Y aún más como viuda, que rompí con toda ejemplaridad esperada solo por hablar, como mujer, del amor libre. Porque fue mi marido el que se fue a la tumba, pero no mi alma ni mi corazón.

—¡El amor, querida Marianita! Lo único que nos mantenía con esperanza en este pozo de amargura y que, por él, nunca huimos... aguardando que el amor también nos rescatara.

Aquella confesión sentimental de Federico, en clara alusión a las personas que marcaron el corazón a los dos, emocionó a Mariana Pineda.

—Porque pensamos más en los demás que en nosotros mismos.

—Frente al silencio de tantos a quienes quisimos.

Aquella reflexión última del poeta removió a la joven libertadora, que se sintió incómoda.

—Y los dos seguimos siendo usados por la misma política que nos ahorcó, siendo aun debatidos y cuestionados y manoseados tras nuestra muerte. Aún así —sostuvo—, tengo una plaza a unos metros de aquí, tengo una tumba con un nombre en la cripta de la catedral... a pesar de que sigan persiguiendo mi alma. Tú no tienes nada y la paz se te niega. Deja esta tierra que no te amó. Mira... —Mariana le hizo desviar los ojos para que pudiera observar la llegada de un tren casi oculto en la oscuridad—. Vete a Madrid, y sigue.

Federico miró conmovido y apenado a Mariana, a quien apretó la mano mientras sentía, de nuevo, cómo sobre su pecho crecía otra vez algo. Introdujo su mano bajo la chaqueta y ahí estaba.

—Marianita, debo irme. Toma tu manuscrito y guárdalo como si fuera tu propia bandera.

La puerta del café Alameda volvió a abrirse.

—Lo prometo, porque en estas páginas está también la libertad de todas. ¡Sube al tren, rápido! Las sombras negras vienen a por ti —ordenó la libertaria, mientras guardaba las páginas de su historia.

—¡Suerte, Marianita! —gritó, mientras ascendía al tren que ya arrancaba—: «En la bandera de la libertad...

—...bordé el amor más grande de mi vida» —gritó Mariana.

—¡Viva Mariana Pineda! —dijo él, mientras desaparecía a lo lejos.

—Que se entere toda Granada, amigo... ¡Viva Federico García Lorca!

UNIVERSI
UNIÓN FEDERAL DE ESTUD

ROSA GRIS

Madrid

Desde la salida de su Granada natal, Federico no dejó de contemplar aquellos chopos bajo los que creció. Con la fortuna de volver a estar frente a ellos, los admiró poéticamente con los mismos ojos de niño y adolescente, y apreció la variedad de tonos de las verdes hojas filtradas por el sol y los destellos intermitentes que la velocidad del tren originaba sobre ellas. Eran aquellos chopos mismos que le despedían por su nombre, en su avance hacia Madrid. Cuando era joven, aquel viaje supuso una bocanada de aire fresco en la conquista de sus sueños y de su propia libertad, que no hubiera podido permitirse sin la ayuda de sus padres y sin la buena posición económica.

El sonido relajante de aquellas hojas en el aire, como campanas de viento, junto al vaivén del tren mecieron a Federico en un sueño donde el paisaje apenas se alteró, aunque sí el espacio. En esa travesía onírica, que no podía calcular cuánto duró, Federico sintió un fuerte empuje. Se desperezó un poco y entreabrió sus ojos. Confirmó que la arboleda seguía ante él, pero un segundo después se percató de que ahora aquellas ramas verdes y frondosas estaban bañadas por un sol de diferente calidez que le evocaba a la Colina de los Chopos de su juventud. Se dejó arrastrar por aquel estado de placidez, entregado de nuevo a su sueño, cuando notó otra sacudida. Pronto intuyó que aquel movimiento ya no era el del traqueteo violento del tren, sino de una persona que lo zarandeaba por el hombro mientras lo llamaba por su nombre.

—¡Despierta ya, Federico! ¡Que aquí hay gente que quiere verte!

Cuando terminó de abrir los ojos, desconcertado, confirmó que los chopos que ahora tenía delante eran los de la Residencia de Estudiantes, que él estaba tumbado sobre un sofá de terciopelo rojo y que quien lo llamaba era su antiguo compañero de habitación.

—Pero... ¿Pepín? —preguntó fascinado, restregándose los ojos mientras certificaba con su mirada que estaba en su cuarto.

—Pepín Bello que viste y calza, amigo. Si fui de las primeras personas que te dio la bienvenida aquí, en tu vuelta no podía estar ausente, ¡si soy el embajador oficial de la Residencia de Estudiantes! Y ya estabas tardando, que aquí quedamos parte de la Noble Orden de Toledo. Pero antes...

El búho,
el búho,
la gallina
y el Pantocrátor.

Alberti se sumó con emoción, en homenaje a su amigo, quien abrió la boca de forma exagerada ante su presencia.

El té,
el té,
la gallina
y el Teotocópuli.

A lo que Federico, con una sonrisa de oreja a oreja ante este encuentro conmovedor, respondió.

Guillermo de Torre,
Guillermo de Torre,
la gallina
y por ahí debe andar algún enjambre.

Federico, aún tumbado en la cama, prorrumpió en una carcajada con aquel recuerdo del juego de los anaglifos. Una composición poética de tres sustantivos, en la que el tercero tenía que ser «la gallina» y el último un sonido fonético rotundo e inesperado. En ese juego, los residentes podían pasar horas y horas. Y más él, que creó el anaglifo barroco, que acababa de recitar y que quebraba un poco las normas.

—¡Qué alegría veros! Pero ¿está aquí mi hermano Paco, Dalí o Buñuel? —preguntó, ilusionado.

—¡Ya estamos! Que aparte de Dalí o Buñuel, el resto también existimos, hombre. Mira quiénes están —matizó Pepín, mientras cada uno se situaba por delante de Federico conforme los nombraba—. Eduardo Ugarte, Rafael Alberti, María Teresa León… y algunos que no eran de la Orden de Toledo pero que conoces bien de la Residencia: Guillén, Martínez, Salinas, Moreno Villa, Vicente Aleixandre…

Federico se incorporó emocionado cuando todos lo reconocían y se acercaban a él para estrechar sus manos o abrazarlo. Y, tras la última persona, descubrió a otra que le dio un vuelco al corazón.

—Tienes la misma mirada estática y penetrante, Federico, como ese niño sin pies, muchacho de la luna, mate y un poco frío. Te fuiste con el corazón cargado de poesía y solo puedo decirte que, como decías, sigo andando a veces por el Generalife a las cinco de la tarde, la hora en que empieza el sufrimiento de los jardines.

Ante aquellas palabras cargadas de poesía, sabía que estaba frente a Juan Ramón Jiménez. Él fue la persona que lo recibió por primera vez para poder entrar en la residencia a su llegada a Madrid. Allí llegó con una carta de recomendación de Fernando de los Ríos y, con esas mismas palabras que acababa de pronunciar, lo definió tras aquel primer encuentro, donde quedó cautivado por aquellos poemas que Federico traía plegados y que su madre, Vicenta, guardaba en un cajón.

—Quién iba a decirnos a Juan Ramón y a mí que aquella carta de Fernando de los Ríos haría que te quedaras diez años por aquí. —Aquella nueva voz era la de Alberto Jiménez Freud, director de la Residencia.

—¿Se acuerda aún de mi llegada, señor? —rememoró García Lorca.

—¡Cómo olvidar la entrada en mi despacho de aquel joven moreno, de frente despejada, ojos soñadores y sonriente expresión! —Subrayó con sus manos alzadas—. La misma que aún te pertenece, a pesar de todo. Porque pueden matar nuestros cuerpos, pero no cómo fuimos.

—Yo siempre dije —compartió Alberti— que, cuando llegaba el verano, sin ti la Residencia parecía sola y triste. Y cuando estabas, emocionabas. Como ocurrió cuando recitaste entre las penumbras del jardín aquel romance de Granada, entre el silencio y las sombras de los álamos.

—Toma, Federico —interrumpió Pepín, haciéndose paso entre quienes los rodeaban para darle una taza—. Como en los tiempos antiguos, te estábamos esperando para hacer una de tus fiestas del té.

—Recuerdo ahora mismo cuando intenté explicar a mi madre esa hora del té. Desde aquí le escribía muchas cartas —desveló Federico, con una mirada evocadora y sonriente—. Incluso le anuncié que haríamos una función del *Tenorio*, y que yo tenía dos papeles y un monólogo graciosísimo, una cosa muy fina.

—¡Anda que no lo pasábamos bien! —sostuvo Rafael Martínez—. La de horas de conversaciones, tabaco y bebida estimulante a los sentidos que tuvimos... ¡No nos dejaban otra cosa!

—Como debía ser —puntualizó Juan Ramón, como uno de los responsables de aquella Residencia en muchos proyectos.

—Ni alcohol ni ruidos. Ni los de un perro. Solo la calma necesaria para que ustedes pudieran crear. Y visto el resultado, no fue nada malo por vuestra parte —puntualizó Jiménez Freud.

Todos respondieron con un conjunto de risas y comentarios jocosos que se fueron modulando y apagando conforme, en su interior, asumían el destino final que les esperó sin saberlo. Federico quiso hacer un recorrido visual por la habitación, y reparó en las cenefas de estilo neomudéjar, en el pisapapeles, el flexo, los antiguos cojines de flecos o la llave de la luz. Todo estaba como recordaba de la última vez, cuando no era consciente de que uno se marcha de los sitios sin tener la certeza de regresar.

—Amigo —expresó Pepín, quien observaba con todo detalle al que fue su compañero de estancia—, estás ahora mismo igual que cuando te sentabas en la cama de mi habitación para entregarte a tu ritual de escritura: erguido, con la espalda recta y las piernas cruzadas. Te falta solo el mazo de cuartillas entre las piernas y ponerte a escribir y a tachar, a escribir y a tachar... hasta que alguno de nosotros te sacábamos de aquel espacio mental que te absorbía para irnos de juerga, por Madrid o Toledo.

—A ver, que aquí somos de la generación del 27, pero yo ya no recuerdo eso de la Orden de Toledo que escuché antes, ¿nos lo explica alguien?— puntualizó, Jorge Guillén, intentando ordenar tantas referencias.

—Hablo como secretario de la Orden —reclamó Pepín, incorporándose de su silla, con una tos para modular su voz—. Somos una agrupación, creada por la genialidad de José Luis Buñuel, donde nos reuníamos artistas y escritores de vanguardia con el fin de viajar a Toledo, emborracharnos, adentrarnos en el místico laberinto de las calles toledanas y hablar de nuestras cosas, ¡por supuesto!

—¿Y decís que Buñuel no está? ¿Tampoco Dalí? —retomó Federico, aún con cierta nostalgia.

—No, no están, pero tampoco pasan mucho por aquí. Ya sabes cómo son... ¡Y cómo eran! Algunos, con muchos aires de superioridad, y mira al final... ¡Todos acabamos muertos!

—Pepín... —interrumpió Federico, de forma abrupta en su tono—. ¿Cómo supisteis que me habían asesinado?

Aquella pregunta dejó a todos paralizados. La preveían, pero no la esperaban aún. La conversación estaba siendo tan ágil y encantadora que estaban ajenos a la realidad de lo que sucedió. Y es que aquel encuentro, viéndose entre todos, los había llevado al engaño de creer que, por un momento, no había pasado el tiempo. Pepín bebió también de su taza de té, cambió su semblante siempre amable por uno más seco y doliente, y entregó al poeta un cigarro que le ayudó a prender.

—La Argentinita nos lo dijo. Ella pudo salir de España y, como teníamos la correspondencia intervenida, acordamos hablar en clave. Nos escribió: «Los solares se han vendido». Y sí, esa era la frase que certificaba tu muerte, porque aquí no nos queríamos creer que eso hubiese podido pasar.

—Amigo —interrumpió María León—, ¿sabes que Orson Welles escribió, en representación de los escritores, un telegrama a las autoridades militares de Granada? Preguntaba qué había pasado contigo. Y le respondieron: «Ignoro lugar hállase don Federico García Lorca. Coronel Espinosa». No tuvimos ya dudas de tu muerte.

—Tuvimos la certeza de que, si te habían matado a ti, nos mataban a todos —sostuvo Jorge Guillén—. Solo nos quedaba huir.

—¿Y qué decían? ¿Por qué decían que me habían matado?

—Por todo, se decía de todo... — deslizó Moreno Villa.

—De todo y de todos los que estuvimos contigo en algún momento, o que tuvimos ideales políticos de libertad. Yo acabé en París y Argentina, porque Picasso me tuvo que liberar del campo de concentración de Saint-Cyprien en Francia. No puedo relatar los horrores que presencié allí —argumentó Manuel Ángeles Ortiz.

—Y yo me libré por poco, que cuando iba para Francia me detuvieron en Pamplona y estuve en la cárcel hasta que mi padre me sacó de allí y pude huir —añadió Jorge Guillén— . Mi padre pensaba que me matarían también.

Moreno Villa también quiso compartir su relato, pues mientras tejían esos recuerdos tenían la sensación de recuperar una identidad colectiva que hasta ellos mismos temían olvidar. Y aquella charla se estaba convirtiendo en un espacio testigo.

—Yo salí de Madrid hacia Valencia como un desterrado, a merced de la casualidad y de los bandoleros, hasta que abandoné España.

Federico desvió la mirada hacia Pedro Salinas, catedrático al que el poeta siempre se dirigía como si fuera aún un alumno, a pesar de que su nombre luego hubiera traspasado todo lo imaginable.

—¿Y usted, Salinas, maestro de mis maestros? ¿Qué fue de usted?

—Él no habla porque no puede verbalizar aquel horror —interrumpió Moreno Villa, para explicarse—. Las guerras arrancan las palabras. Él estaba en Santander, de ahí a Francia y de ahí a Estados Unidos, donde acabó su existencia. Yo dejé por escrito: «Salinas muere en el destierro no por político, por incompatible con el régimen y la vida actual en España».

—¿Los demás también acabasteis fuera de aquí? —cuestionó Federico, intrigado.

—Yo fallecí en Ginebra, aunque pude venir a España, pero ya no era mi España —sostuvo Alberto Jiménez.

Juan Ramón, resignado, también se pronunció.

—Yo acabé mis días en Puerto Rico.

—¿Pero... alguien regresó? —lanzó Federico.

—Me fui con el puño cerrado y volví con la mano abierta como símbolo de paz y fraternidad entre todos los españoles —respondió Alberti—. Yo tuve la suerte de abandonar mi cuerpo donde llegué. Nací en mi Puerto de Santa María y allí terminó mi vida. Hubiese sido lo justo con todos vosotros, y, cómo no, contigo, amigo. No imaginas lo que fue para nosotros saber que acabaron con tu cuerpo, pero creo que tu mirada y tu pureza no estaban hechas para haber presenciado los horrores de la guerra.

Federico le devolvió una mirada de dolor y de incertidumbre, con la suficiente carga como para que Alberti le comentara toda su vida. No solo le narró su exilio por París, Buenos Aires y Roma, sino su permanencia en el país durante la contienda y cómo colaboró para el Frente Popular. Y María León desveló su papel decisivo en la protección de las obras del Museo del Prado ante los bombardeos. Tras escuchar todo su relato, suspiró y meditó en voz alta.

—Tú, con un auténtico compromiso de partido, de posicionamiento en plena guerra…, viviste y yo, en cambio, que solo tenía una aspiración universal, fui asesinado nada más empezar aquel enfrentamiento. Y quizás tienes razón, amigo. ¿Qué hubiera hecho yo? Entre el drama y la muerte de una guerra no cabe la poesía. Y si se acaba la poesía, se acabó mi vida, pues estaba de ella hasta los bordes.

—Bueno, no digas mucho, que bien que afirmaste en un periódico que cuando Alberti se juntó con los rusos hacía «mala literatura de periódico» y no estabas tan convencido de mezclar poesía y política —apuntó Pepín con sarcasmo.

—Pepín, dilo todo completo —exigió Alberti.

—¿El qué?

María León se sumó, con solvencia.

—Pues que tres años después de aquello, Federico también dijo en la prensa: «Alberti es una gran figura, yo sé que es sincera su poesía actual».

El poeta gaditano guiñó el ojo a un Federico que sostuvo una sonrisa, entre el perdón y el agradecimiento a su amigo.

—Por entonces yo aún andaba ciego o con un medio ojo, sin asumir la realidad completa —sostuvo Federico—. Por ello, años después, como bien apunta María, expliqué que el poeta no puede permanecer impasible de ninguna manera. ¿Cómo pretendían que el poeta cerrase los ojos ante los hombres que sufren, ante la tragedia espantosa del hombre oprimido? El poeta debe sentirlo y comprenderlo, y ayudar en la medida de sus posibilidades en la conquista de un mundo más justo y más humano. Y no nos dejaron. ¡No nos dejaron!

—Tu pureza no tiene límites, Federico —dijo Aleixandre.

—Yo solo sé que llegó un momento en el que… ningún hombre verdadero podía creer ya en esa zarandaja del arte puro, arte por el arte mismo. En ese momento dramático del mundo, el artista debía llorar y reír con su pueblo. Había que dejar el ramo de azucenas y meterse en el fango.

—No hubo nada más putrefacto que lo que vino después con esa dictadura —expresó Alberti con rabia.

—Más putrefacto aún fue para nosotras, las mujeres —sentenció María León.

Federico atrapó en su mente aquella palabra tan usada en la Residencia y entre su grupo de conocidos de la época, para referirse a todo aquello caduco, anacrónico, que no traía aires de renovación o que impedía cualquier avance.

—Pu-tre-fac-to... Es como si estuviera escuchando ahora a Dalí decirlo en voz alta —repitió, con una marcada pausa e imitándolo—. Quizás para él y para Buñuel, en el fondo, siempre fui un perro andaluz.

—No hagas aún drama de aquello, era solo una expresión para quienes veníais de abajo, pasado Despeñaperros —subrayó Pepín, con tono burlón.

—¿Qué más da...?, pero ofensivo —remarcó Federico.

—De hecho —se sumó Rafael Martínez Nadal—, recuerdo aún cuando estabas tan mal aquí, en la Residencia, y me contaste el dolor que pesaba en tu corazón porque Dalí y Buñuel se alejaron de ti e hicieron aquel corto titulado de la misma manera. Fue una de las veces que peor te vi.

Un silencio incómodo, e inconsciente del alcance del sufrimiento que Federico camuflaba en ocasiones tras una sonrisa, se extendió entre todos los presentes, hasta que María León interrumpió y sintió la necesidad de recordarle que debía retomar su viaje. El poeta vio cómo ella se alejaba mientras él se sentía cada vez más paralizado ante lo que conocía.

—Tengo miedo de seguir.

—Pues hay que hacerlo, Federico —ordenó Alberti—. Hay que seguir siempre, hablar, denunciar, reivindicar, pues el silencio es una tumba.

—Los viajes cambian destinos, amigo —subrayó Salinas.

Federico hizo una mueca de obviedad.

—¿Me lo dices a mí, querido, que mi último viaje de Madrid a Granada fue mi condena?

—O tu viaje a Nueva York. A veces para mal o, a veces, son para bien. Nunca te vi tan derrotado como cuando te despedí, junto con Fernando de los Ríos, en la estación del Norte para coger el tren a París antes de irte a América. Y fíjate cómo te cambió —descubrió Pepín.

—Tú despediste a un Federico con esperanza para Nueva York, pero yo despedí a un Federico cuyos ojos eran reflejo de terror y angustia —añadió Rafael Martínez—, antes de partir a tu Huerta de San Vicente, porque el 18 de julio era tu santo y bajabas a tu tierra para estar con tu familia, aun conocedor del peligro que afrontabas. Y un mes después…

—Nunca somos conscientes de la existencia de la vida cuando la tenemos entre manos —sostuvo Federico, tomando un último sorbo de té.

—No olvido cuando me dijiste… «estos campos se van a llenar de muertos» —añadió Rafael Martínez.

—No me equivoqué —confirmó, con una profunda calada al cigarrillo—. Miedo me ocasiona reconocer todos los versos que escribí como vaticinios que se cumplieron tiempo después. Parece que invocaba mi destino. Y es curioso porque, en todo este tiempo, no os he podido ver. No sabía qué era de vosotros, pero sí que me llegaron ecos vuestros. A veces, en ese espacio gris donde habito, encuentro cartas o libros abandonados en mitad de esa nada que me recuerdan quién soy y que me muestran qué se dijo de mí. Y, a veces, es una cosa dolorosísima. Una tortura goteada de palabras que me hielan el corazón, sobre todo, cuando aquellas eran pronunciadas o escritas por alguno de vosotros.

Todos se miraron extrañados.

—¿Como qué? —preguntó Moreno Villa.

—Por ejemplo, tú escribiste un libro sobre ti, ¿verdad?

José asintió.

—Mi autobiografía, sí.

—Pues allí se engalanaban palabras preciosas, pero luego escribiste: «No todos los estudiantes le querían. Algunos olfateaban su defecto y se alejaban de él. No obstante, cuando abría el piano y se ponía a cantar, todos perdían su fortaleza». Su defecto… defecto… defecto… Defecto era que el resto no me viera sin juzgarme. Ese es uno de los mayores defectos de la humanidad. Que te aparten como lo otro. Bastante tormento es no obedecer a tu corazón y traicionar lo que sientes, porque sea un absurdo pecado a ojos del resto. Ni mi capacidad de trabajo, ni mi capacidad de amar al prójimo o de intentar ser libre me restaban valor.

—Pido disculpas por aquello...

—Sé que era complicado, pero también que con aquellos juicios muchos vivíamos en una cárcel propia ante las miradas obscenas del resto. Aun así, siempre serás el abuelo de doña Rosita. Siempre te agradeceré aquello por encima de todo.

Aquella frase abrió una sonrisa en el rostro apagado de Moreno Villa, porque él había sido parte de aquella obra desde que un día, tomando café en el Hotel Palace con Dalí y Pepín Bello, desveló que había descubierto un libro francés del siglo XIX donde se explicaba la *rosa mutabile*, idea que Lorca captó de inmediato y sirvió de inspiración para su obra.

—Siempre estaré contigo —manifestó—, a pesar de mis frases desafortunadas.

Federico prosiguió entre aquel mar de añoranzas que crecían y se desvanecían en su interior.

—Solo me sale quereros porque de nada sirve la tristeza ni la rabia. Y estoy orgulloso de que el tiempo nos coincidiera, pues vuestra obra era colosal y extraordinaria. Tampoco yo fui siempre correcto ni justo. Entre nosotros hubo más cosas preciosísimas. Me llegó tu diario, querido Emilio, y leí algo como: «La única gran alegría que he tenido ha sido el haber encontrado en Federico al amigo que tanto deseaba. A él le he abierto mi corazón. Al principio no lo pude comprender bien, su poesía, su literatura, lo envolvían en una costra difícil de atravesar; pero luego...

—...una vez que he logrado llegar a su corazón he comprendido su bondad infantil y su cariño. Tendría un enorme desengaño si esta idea que de él tengo fuera falsa; pero creo que esta vez he encontrado el compañero que buscaba y con el que podré hablar de mis cosas íntimas sin que se ría de ellas» —retomó Emilio Prados su texto, para decirlo en voz alta a la par que el poeta, y prosiguió con aquella confesión que dejó escrita—:

«Sus ideales políticos, contrarios a su bienestar, son los mismos míos, y esto le hacen que sea más querido por mí».

Federico sostenía la mirada emocionada con su amigo.

—¿Al final, ocasioné en ti, en algún momento, algún enorme desengaño?

—Ni de lejos, Federico. Nosotros fuimos los que no estuvimos a la altura contigo.

—Nunca pudiste decepcionarnos, Federico, cuando tu sonrisa luminosa, tu alma plena y tu humanidad rebosante, desde tus pupilas, solo ya eran reconfortantes.

Aquellas palabras exuberantes de Aleixandre hicieron a Federico inspirar con profundidad, y las agradeció llevándose la mano al corazón.

—Mi risa de hoy es mi risa de ayer, mi risa de infancia y campo, mi risa silvestre que yo defenderé siempre, hasta que muera... Eso dije hace tiempo, pero la sonrisa se me olvidó al final de mis días.

—La tuya y la de todos al saber de tu noticia, amigo. La de todos por no poder compartir contigo tantos logros nuestros. Al final, Aleixandre se llevó incluso un premio Nobel —puntualizó Alberti.

—¡Nunca dudé de tu talento, amigo! —subrayó Federico, ante un Aleixandre que bajaba la mirada avergonzado y quitando importancia al asunto.

—¿Y de qué sirve hoy día? A veces paso aún por mi casa, en Velintonia, y mi nombre ni está. Y bien sabes, Federico, que ese reconocimiento hubiese sido tuyo de haber seguido con vida. Porque no hay creación en la tierra con más valor y humanidad pura que la tuya. Yo tuve ese reconocimiento, pero, en verdad, me quedo con el premio de haberme cruzado en tu camino y el de tu corazón como pocas personas en este mundo.

—Con pocas podía abrirlo, amigo Vicente.

Federico sonrió a su compañero, quien solo con el cruce de miradas sabía cuánto habían compartido y cómo encontró el uno en el otro la auténtica comprensión en cuanto al amor velado y oculto de aquella etapa. Federico desvió su mirada y reparó, al fondo, en una de ellas.

—¡Pero bueno, mi Eduardo Ugarte! ¡Compañero! ¿No hablas?

Todos centraron su atención hacia su alma, para comprobar su estado, y Martínez aclaró de inmediato.

—Vaya por Dios, ya ha cambiado de estado —matizó, ante la mirada contrariada de Federico—. Eso a veces pasa en este mundo. Nos proyectamos en escenarios donde no estamos; es decir, está pero no está... Lo que está es su recuerdo, pero no él físicamente.

—Entonces, ¿no puedo hablar con él? —cuestionó con lamento.

—No, lo encontrarás cuando él tenga necesidad de hablar contigo.

—¿Cómo?

—Eres un alma en transición, y las almas, al final, solo hablan entre ellas si las dos partes quieren, si no, ni aparecen.

Aquella frase fue lapidaria para Federico. Por su mente pasó la trascendencia de aquella norma que ya no sabía, con certeza, si Conjuradora se la había trasladado. De ser así, solo ahora era consciente de cuánto ello condicionaba todo el viaje. Y si, quizás, su último amor no quería verlo; si su padre, enfadado por su destino final, no quería encontrarse con él. Temió que aquel viaje no culminara como su deseo.

—Federicooooo, Federicoooooo —gritaba una voz desde los jardines de la Residencia.

Aquella aclamación le sacó de sus pensamientos y aquella voz se quedó como un eco dentro de él. Sabía quién era. Se levantó con rapidez y abrió la ventana, repleto de felicidad.

—¡Pero, Maruja! ¡Maruja Mallo!

—Ha tenido que avisarme María León. ¡A ver! ¿Qué pasa aquí, que no preguntas por nosotras? —sostuvo Maruja—. Las mujeres también existimos. ¡Al final eres como todos!

Federico explotó en una carcajada traviesa que ocultó con rapidez con un rostro de súplica, mientras solicitaba perdón juntando las palmas de las manos.

—Tienes toda la razón y solo me he portado mal, pero estos hombres me han arrastrado con sus conversaciones de tabaco y té.

—¡Baja y vente, que te llevo!

—¿Dónde?

—¡Con nosotras!

Federico se ilusionó y se dispuso a abandonar la estancia, junto con la intención y el ánimo de sus propios amigos, no sin antes volverse desde el dintel de la puerta para dirigirse a Pepín Bello con uno de sus poemas.

El niño triste que nos mira
y la luna sobre la Residencia.
Pepín, ¿por qué no te gusta
la cerveza?
En mi vaso, la luna redonda,
¡diminuta!, se ríe y tiembla.
Pepín: ahora mismo en Sevilla
visten a la Macarena.
Pepín: mi corazón tiene
alamares de luna y de pena.
El niño triste se ha marchado.
Con mi vaso de cerveza
brindo por ti esta tarde
pintada por Claudio Lorena.

Pepín le devolvió una mirada cargada de emoción y lágrimas. Las mismas que sostenía Federico entre sus párpados y, a prisas, alzó sus manos para despedirse de todos sus amigos y empezar su camino de salida, mientras de los pasillos y de las habitaciones no paraba de salir personal de la Residencia, profesores y otros amigos y conocidos, para saludarlo o para despedirlo entre aplausos, pero, sobre todo, para que no se sintiera solo. Cuando llegó al exterior, Mallo le siseó unos metros más allá, subida en el tranvía que casi ya partía. Federico dio la mano a Mallo, quién tiró de él para que subiera con mayor rapidez, mientras el vehículo se ponía en marcha y ganaba gran velocidad en el descenso; al tiempo

que los dos se situaban en la parte delantera, mientras el aire refrescaba sus emocionados rostros. Federico unía carcajada tras carcajada con las de su amiga. Mallo le puso un sombrero y ella asió otro, que sostenían con fuerza ante el aire que les empujaba en la bajada. Por todo el recorrido, la gente gritaba el nombre de Federico, diciendo vivas y hurras e intentando saludar al poeta a su paso. Entre algunos, identificaba rostros y nombres de tenderos, panaderas, maestros o camareros con los que cruzó su vida, mientras su corazón galopaba de alegría en alegría. Cuando llegaron a la Puerta del Sol, los dos se bajaron. Y, como en su día hicieron con Dalí y Margarita Manso, lanzaron al aire el sombrero como símbolo de rebeldía. En aquella fecha nacieron Las Sinsombrero, el grupo de mujeres intelectuales, desde escritoras a artistas, de la generación del 27. Pero, como la historia se repite, de nuevo tal y como ocurrió por entonces, las fuerzas del orden salieron tras ellos para recriminarles el gesto. Federico y Mallo aceleraron el paso entre empujones para escapar, hasta confundirse con el resto de la gente, dejar atrás el Congreso y aquel Palace que tantos encuentros produjo, y alcanzar los árboles junto a la plaza de Neptuno, donde se pusieron bajo sombra para descansar y retomar su respiración.

—¿Recuerdas cuando los cuatro fuimos al monasterio de Silos, pero como la entrada estaba vetada a las mujeres nos pusimos las chaquetas como pantalones?

Ella le confirmó con un gesto y le miró con una sonrisa enorme de satisfacción.

—Has lanzado el sombrero, Federico... A pesar de todo. No cambias tus principios, ¿eh? —le dijo, repleta de admiración, mientras intentaba tomar aliento.

—Me han dado la oportunidad de este viaje y me dijeron que pensara si repetiría algunas cosas... o no. Y de esto nunca me arrepentiré. Tú has hecho lo mismo...

—No cambié ni cuando temí morir, amigo... —admitió, mientras aplacaba su respiración y se secaba la frente.

—¿Y Margarita?

—¿Manso? Ella... prefirió alejarse un poco, por eso no viene por aquí. No la culpo.

—¿Y por qué no has querido tampoco tú aparecer arriba, en la Residencia, con todos nosotros?

—Estaba Rafael.

—Pero... si dices que te avisó María Teresa. ¿No habéis superado todo aquello?

Federico esperó paciente la pausa de su amiga, consciente de que no era un tema cómodo para ella, como anterior pareja de Alberti.

—Yo a ella no la culpo, pero como comprenderás... Yo solo quiero que mi

corazón descanse. Hablar, ahora, ya... ¿para qué? Lo que pasó tuvo que pasar y no hay que darle más vueltas. —Maruja guardó un doloroso silencio por educación, el mismo que había mantenido durante décadas, después de que Alberti no la reconociera tras marcharse con María León—. Aun así, me quedo con lo bueno. Y tú tuviste toda la culpa —expresó, a la vez que daba una pequeña colleja a Federico, quien se reía y se relajaba con el cambio de tono de su amiga—. Vaya día aquel, cuando ibas con Dalí a ese recital por la Exposición de Artistas Ibéricos, y yo te pregunté por aquellos muchachos que te saludaron y me dijiste: «Uno es un poeta muy bueno y otro es un poeta muy malo».

—El bueno, Rafael... —aclaró—. El malo, ¡no lo digo!

—Mira que eres granuja... ¡y divertido como ninguno!

Federico soltó una carcajada contagiosa para Maruja, mientras los dos retomaron el camino hacia arriba, subiendo por Paseo del Prado hasta Cibeles. A pesar de todo, Federico le recordó qué gran inspiración fue para Alberti.

—Aunque no te lo dijera, fuiste su guía durante mucho tiempo. Fue solo la torpeza de los hombres y el miedo a los sentimientos —subrayó Federico.

Mallo le escuchó paciente, mientras meditaba qué rememorar y qué dejar de lado. Reconoció que en sus *Sermones y moradas* Alberti reflejó transcripciones poéticas de los cuadros que ella había realizado y cómo sus obras fueron base para algunos de sus poemas. Pero también le recordó cómo se quedó luego con algunos de sus figurines y decorados. Le confesó que, desde entonces, Alberti sintió que había cubierto su nombre con una manta de silencio y solo más adelante, tras la muerte de María León, reconoció en un artículo, «De las hojas que faltan», el papel tan determinante que tuvo en su vida.

—Para entonces, amigo mío, yo ya iniciaba mi declive y la enfermedad empezó a apoderarse de mí. No imaginas cuánto hubiese querido saber todo aquello cuando lo necesitaba. Cuando estaba cargada de preguntas y el porqué de tan pesada carga. No sabes lo que hubiese sido para mí tener al Rafael que añoraba cuando supe de tu muerte. Haber hablado con él sin toda nuestra historia a cuestas. No te imaginas, amigo... Hay reconocimientos que llegan tarde.

—Yo te pido perdón, amiga... aunque sea tarde, también. —Esperó que la mirada de Maruja lo interpelara, porque no quería pronunciar su nombre.

—¿Por Emilio...?

Federico sintió un pellizco ante ese nombre. Emilio Aladrén fue un escultor, novio de Maruja, al que ella definía como un «efebo griego» y que Federico le arrebató como pareja. Duró poco, un año, pero aquel amor fue tan profundo para el poeta que cuando Emilio lo abandonó por la inglesa Eleanor Dove, fue una de las razones por las que él huyó a Nueva York, sumido en una profunda tristeza, mezclada con otras.

—El dolor que Emilio me hizo pasar, creo, fue mi castigo por aquella torpeza de robar su corazón. No hubo cosa más egoísta por mi parte contigo. Mi imposibilidad de decir no al deseo. Pensé mucho en ti, en cómo te hice sentir. Y me avergüenzo por ello, Maruja.

—A ver... buen gusto tuviste, pero visto después todo lo que pasó... ¡Menudo me quitaste de encima! ¡Si me hiciste un favor!

Federico lanzó una sonrisa breve ante aquella ocurrencia, atento a la mirada de Mallo.

—¿Me perdonas?

—Amigo... ¡qué cosas tienes! ¿De verdad eso pesaba aún sobre ti? Hay personas que se cruzan en tu vida y están de paso. Lo que está para una, está para una. Y si ocurre lo contrario, solo queda seguir.

—¿Crees que podría aparecer por aquí, para vernos a los dos?

—No, no —respondió, ella con poca preocupación, mientras avanzaban por su camino, ya en una bocacalle del inicio de Gran Vía—. Emilio no aparecerá. Supongo que no significamos tanto para él como para que tenga necesidad de encontrarnos. Y aquí creo que, en verdad, solo se encuentra uno con las personas que quieren verse. Las demás son sombras de paso, salvo que alguien nos persiga y use magia negra. A ti, no sé. A mí, como mujer, supongo que no me tendrá en cuenta. Como pasa siempre con las mujeres en todo. En el amor, en el trabajo, en un país... Hasta que se dan cuenta de lo que valemos cuando ya es tarde, siempre tarde.

Maruja le contó cómo la guerra la sorprendió en Galicia con las Misiones Pedagógicas. Que nunca más vio a su gran nuevo amor cuando fue encarcelado tras huir. Que vivió oculta en casas de familiares hasta que pudo salir a Buenos Aires, y cómo su nombre fue aclamado en París, Brasil y Nueva York mientras había sido borrado en la historia de España.

—Siempre supe que serías una grande, amiga.

—De habernos quedado todas y todos aquí, de no haber surgido esa estúpida guerra, qué país más grande hubiésemos construido y qué diferente hubiese sido. Todo el talento estuvo fuera. Y cuántas mujeres mutiladas de voz y alma por tantos hogares. ¿Qué iba a hacer una mujer tan libre como yo en un país que me obligaba a ser otra que yo no era? ¿A ser ama de casa y madre abnegada si yo no quería? ¿A casarme sin amar? Esa vida no era para mí. Solo pude alejarme. Y no me quejo, porque fuera me reconocieron. Pero no tuvieron tanta suerte otras mujeres.

Maruja hizo una pausa en la calle donde estaban e inspiró, levantando la mirada hacia la Casa de las Siete Chimeneas. Preguntó a Federico si quería volver a visitar con ella aquella institución colosal. Y él solo pudo responder un sí.

Desde 1918, de forma más intensa, el movimiento de mujeres comenzó a tomar un nuevo impulso que se vería fortalecido con la llegada de la II República. Por entonces, se creó la Asociación Nacional de Mujeres Españolas y, aunque con un perfil más conservador, sus planteamientos eran desafíos para una vida donde la mujer siempre estaba en segundo lugar. Poco a poco, ellas fueron más conscientes sobre la reivindicación de sus derechos y necesidades. Estaban cansadas de no poder votar, no poder estudiar en igualdad de oportunidades, de no poder trabajar donde quisieran, no poder divorciarse, de pedir permisos a maridos o padres y, en definitiva, de ser tratadas como niñas ante tanto paternalismo por toda la sociedad. De hecho, el 21 de mayo de 1921 ocurrió un hecho histórico. Se definió como la primera manifestación feminista, en la puerta del Congreso. Las sufragistas se presentaron, tras recorrer las calles de Madrid, ante el presidente del Consejo de Ministros con su manifiesto. Con esas semillas de indignación, lo normal fue una eclosión de asociaciones y grupos: la Mujer del Porvenir, la Sociedad Concepción Arenal, Unión del Feminismo Español, la Cruzada de Mujeres Españolas de Carmen de Burgos, la Asociación Nacional de Mujeres Españolas, de Kent, o la Unión Republicana de Mujeres, de Campoamor, entre otras muchas. Y todas siendo señaladas y cuestionadas de forma constante en sus demandas y ante lo que no lo eran. Porque esos espacios constituían el germen de algo tan sencillo como quedar y compartir experiencias. En definitiva, recuperar una vida social que les había sido negada por su condición de mujeres.

Una de ellas fue el Lyceum Club femenino. El mismo espacio que ahora, tanto tiempo después, pisaba Federico. Aquella asociación aconfesional y apolítica se inició por un conjunto de mujeres de la burguesía ilustrada y, aunque había sus diferencias entre las casadas y más conservadoras y las que no lo estaban o eran más liberales, lo cierto es que la unión siempre primaba por encima de los desencuentros. Muestra de ello fue que desde su inauguración el listado de socias no paraba de crecer. Los fines de aquella agrupación eran defender la incorporación de la mujer al trabajo, poner en valor su educación y avanzar en igualdad. Por supuesto, aquello no era un espacio solo de mujeres, sino que también invitaban a hombres a dar conferencias, entre ellos a Dalí o a Federico, aunque también recordaban a alguno que otro que no la aceptaba. Las críticas hacia ellas eran duras, pero aún más para las que eran madres y se las juzgaba por destinar su tiempo a este fin. A pesar de su evolución y sus principios, parte de la prensa y de la sociedad se encargó de señalarlas y de intentar humillarlas. Sobre ellas caerían calificativos como «excéntricas», «desequilibradas», «criminales» o «ateas», con los que cuestionaban que aquello no fuese un espacio de educación y cultura, sino de vicios y juegos.

—Mi querido Federico, cuánto tiempo has tardado —le decía María de Maeztu, la primera presidenta y también directora de la Residencia de Señoritas, que le recibía con los brazos abiertos.

Él se dejó caer entre ellos con ganas, pues María había sido una de sus grandes compañeras de intereses.

—Ojalá pudiéramos viajar a nuestro primer encuentro en casa de Carlos Morla y empezar nuestras vidas desde cero —le susurró al oído, cómplice.

—¿Y qué pasa, a las demás no nos saludas?

Federico se despegó de los brazos de su amiga para girarse y encontrarse con la presencia de Victoria Kent, Isabel Oyarzábal, Zenobia Camprubí, Josefina de la Torre, Concha Méndez, Josefina Torres y María Teresa León.

—Benditos ojos que os ven, compañeras mías —respondió, mientras se acercaba a ellas para estrechar sus manos con cariño—. Creo que nunca os dije lo suficiente lo admirables que me parecíais. Que aun teniendo a la mitad del mundo en contra, siempre ibais hacia delante. Erais inspiración.

—Por eso tú sí eras bienvenido a este Lyceum —subrayó María de Maeztu, junto con el asentimiento de todas.

—Bueno, tampoco teníamos mucho donde elegir. Pocos hombres como Federico eran capaces de unirse a nosotras pues, si lo hacían, parecían atacar su propio código de honor —marcó, prudente, Kent, mientras lo abrazaba—. Recordad las respuestas que nos daban algunos ante nuestras invitaciones.

—No le gustaba hablar «a tontas y a locas» —rememoró Isabel Oyarzábal la respuesta de Jacinto Benavente cuando le pidieron dar una conferencia en el centro—. Así lo dijo uno y se quedó tan tranquilo. Decían que lo nuestro eran «asuntos de mujeres», como si el cuento no fuera con ellos.

—Estaban temerosos —detalló María León—. Siempre dije que fueran conscientes de que en estos salones se conspiraba entre conferencias y

tazas de té, y que esto no era una reunión de mujeres de abanico y baile, que queríamos adelantar el reloj de España.

—Que dijeran lo que quisieran. Si pensaban que nos ofendían, no sabían bien quiénes éramos nosotras. A esas alturas ya no me callaba nadie.

—Por algo te decían María la Brava —apuntó Federico ante la sonrisa de satisfacción de todas.

—Igualito que tú —le replicó—, que aún recuerdo el día que viniste a leernos tu *Poeta en Nueva York*, o cuando fuiste a la residencia con tu Barraca y me tenías embrujada con tu vitalidad durante los ensayos, tan frenético de arriba abajo, en mangas de camisa, afable pero con autoridad y dando órdenes, entusiasmado pero responsable...

—Me vas a subir los colores, amiga —respondió, Federico—. Es lo que pasa cuando haces algo que te gusta. Y más con vosotras. Poco hombres me parecen aquellos que os rechazaban, en el amplio sentido de la palabra.

—Pero ¿qué iba a pensar el resto si escuchaban a grandes e ilustres reforzar nuestra oposición? Como Gregorio Marañón, cuando hablaba del «carácter sexualmente anormal de estas mujeres que saltan al campo de las actividades masculinas» —verbalizó Kent, de forma literal y remarcando mucho aquellos términos.

Zenobia, participativa, quiso apoyar y ejemplificar lo que su compañera comentaba.

—Como secretaria del Lyceum, ni os cuento lo que tuve que escuchar en tantas ocasiones. Parecía que avanzábamos, pero siempre había un pozo de amargura en las palabras que muchos hombres nos dirigían.

—Quién iba a decirnos que hasta con Primo de Rivera íbamos a tener más margen de maniobra que con la siguiente dictadura que nos tocaría vivir —apuntó Kent—. Aquello fue el terror puro y las palabras más horribles salieron de boca de muchos hombres que nos denigraban por tener pensamiento político y por ser mujeres.

—Federico —interrumpió María, para aclarar—: es que, tras la dictadura, los pocos avances legales se anularon para nosotras... Incluso se inventaron una formación para tenernos a todas entregadas a la familia y la patria.

—Pero claro, ¿cómo no iban a pensar eso con las leyes que teníamos? —retomó Kent—. ¿Recordáis cuánto luchamos contra ese vergonzoso artículo 438 del Código Penal de 1870, el llamado «uxoricidio por honor»? Era un precepto bárbaro. Si decían que éramos infieles, nos podían matar y no entraban ni en la cárcel. Honor, su honor ante todo y por encima de nosotras.

—Fue fácil, todo lo que pasó después de la guerra. En la dictadura este edificio, cuna de la libertad de pensamiento de la mujer, terminó en manos del Club Medina, de la Sección Femenina, que si te contara, Federico..., te quedarías sin palabras.

Kent guardó silencio ante María, mirando a un vacío que devolvía a su retina centenares de recuerdos y hazañas perdidas.

—Tantos años de lucha, tantas conversaciones, tanto esfuerzo en cambiar leyes y pensamientos... ¿Para qué? Para que una dictadura tirara todo por la borda. Para que fuéramos tuteladas por los hombres, como infantiles o ineptas ante la vida.

Federico, en silencio y hasta entonces centrado solo en escucharlas, miraba a aquellas mujeres con admiración.

—Quizás todo pueda ser peor aún hoy. Que después de tantos años de lucha, tantas conversaciones, tanto esfuerzo por cambiar leyes y pensamientos cargados de derechos..., quizás ahora la gente elija rechazarlos o perderlos. Por eso aún me asombra vuestra fuerza y arrojo para todo.

—Cómo no tenerla. Si luchamos todas por sobrevivir y ser respetadas. Y suerte tuvimos de no ser violadas o rapadas o de que no nos dieran aceite de ricino para torturarnos, como tantas padecieron. Y aun así, en mi caso, bien que me persiguieron.

Federico la miró con un rostro de duda y, conscientes de que a Kent le constaba narrar qué fue de ella tras huir de la guerra y dedicarse a asistir a los huérfanos, entre todas apuntaron episodios que le ocurrieron. Porque, a pesar de estar en el exilio en París y vivir la ocupación nazi, su nombre estaba en la lista de mujeres antifranquistas que dieron al

Gobierno de Vichy. Fue declarada en rebeldía y condenada por tribunales franquistas a 30 años de prisión, inhabilitación absoluta y expulsión del territorio nacional. Desde entonces, vivió en un barrio de París bajo una identidad falsa, *madame* Duval. Terminada la Resistencia, marchó a México y Nueva York.

—Regresé a este país solo para despedirme de él, cuando ya el pueblo gritaba libertad—apuntó, para concluir con el trazado que sus compañeras habían hecho de su vida.

—¿Y tanto y todo... para qué? —cuestionó Isabel—. ¿Hoy en día agradecen lo que hicimos? Si habrá quien ni siquiera sepa por lo que peleamos. ¿Qué quedó de nosotras y de nuestro mensaje?

—Lo que hicimos. Por ejemplo, tus obras sobre nuestras vidas, amigo mío, eran un desafío para una sociedad que no estaba preparada para tu Bernarda Alba, ni para tu Novia ni para esa Doña Rosita diciendo verdades —remarcó María Teresa—. Y nosotras no estábamos preparadas para tu ausencia. ¿Piensas que valió de algo tu muerte, Federico?

Se hizo un tenso silencio en el grupo, y él tardó en responder, tras meditar.

—Quizás no conseguimos grandes hazañas, pero entramos en algunos corazones. Por ejemplo, querida Victoria, recuerdo tu nobleza con aquel preso por el que diste la cara y hasta tu nombre para que saliera de la cárcel a despedir a su madre muerta. Tú te ofreciste como garantía si él no regresaba. Con un gesto así, creo que cambiaste el alma de aquel hombre preso para siempre. Quizás era así como había que cambiar el mundo, sin explosiones ni imposiciones, sino con gestos nobles y palabras que liberen.

Se hizo otra pausa, ahora menos tensa, que Zenobia aprovechó para recordar a Federico qué había sido de cada una de ellas y cómo fueron capaces de entrar en más corazones. Contó cómo ella misma, durante la Guerra Civil, acogió a huérfanos que perdieron todo, o sus actividades en Cuba, Estados Unidos, Buenos Aires y Puerto Rico. Victoria le confesó que, aunque ella pudo regresar y sintió el cariño de su país, pasó sus últimos días en Nueva York, ante la mirada de un Federico que se expandió en cuanto escuchó el nombre de aquella ciudad. María le confesó que ella acabó en Buenos Aires, ciudad que tantas alegrías también dio al poeta.

—Recuerdo aquel homenaje que los miembros de la generación del 27 hicisteis a Góngora —interrumpió Josefina Torres—, y que estaba todo repleto de vosotros, de hombres, mientras nosotras intentábamos que nos escucharan. Alguna vez, amigo, ¿hablabais en vuestras conversaciones masculinas cuánto teníamos por decir nosotras, invisibles en tantas situaciones?

Federico enmudeció. Josefina aprovechó para preguntarle si podía leer uno de sus poemas, a lo que él asintió con rotundidad y un silencio cargado de vergüenza. Ella desveló que el título de la composición era «Mis amigos de entonces» y, de seguido, comenzó a recitar:

Mis amigos de entonces,
aquellos que leíais mis versos
y escuchabais mi música:
Luis, Jorge, Rafael,
Manuel, Gustavo...
¡y tantos otros ya perdidos!
Enrique, Pedro, Juan,
Emilio, Federico...,
¿por qué este hueco entre las dos mitades?
Vosotros ayudasteis
a la blandura del que fue mi nido.
Yo me formé al calor
que con vuestras palabras me envolvía.
Me hicisteis importante.
Con vuestro ejemplo,
me inventé una ambición
y tuve
vuelos insospechados de gaviota.
Gaviota, sí,
porque fue el mar mi espejo

y reflejó mi infancia, mis setiembres.
¡Amigos que de mí hicisteis nombre!
A la mitad vertiente de mi vida
hoy os llamo.
¡Tendedme vuestras manos!
Yo me sentí nacer,
para luego rozar de los cimientos
la certera caricia.
Pero de pronto,
un día me cubrió lo indefendible,
algo sin cuerpo, sin olor, sin música...,
y me sentí empujada,
cubierta de ceniza,
borrada con olvido.
¿Dónde estabais vosotros, compañeros,
vuestras letras de molde, vuestro ingenio,
vuestra defensa
contra el desconocido ataque?
¡Oh, amigos!
Enrique, Pedro, Juan,
Emilio, Federico...,
nombres
que no responderán mi voz.
Manuel, Gustavo,
lejos...
Luis, Jorge, Rafael...
Que aunque el afán
vientos nos dé para encontrarnos,
ignoro en qué ciudad
y si llegará el día
en que vuelva a sentirme descubierta.

La emoción de Federico, retenida en sus ojos vidriosos, era innegable y fue él mismo quien inició unos aplausos que las demás completaron, con un hondo pesar.

—Algunas permanecimos siempre en la sombra, escribiendo poesía con las mismas ganas que tú, pero sin ser escuchadas ni tan reconocidas —sostuvo Concha Méndez, cuya alma brotó de pronto y se hizo con su voz por primera vez.

—Concha, amiga, yo no puedo quitarte la razón. ¿Y Manuel? —preguntó él, en referencia a Manuel Altolaguirre. Y es que Federico fue quien presentó a los dos en un encuentro, y fruto de él compartieron años de matrimonio y de trabajo común, como el que hicieron en la imprenta La Verónica.

Ella, consciente de que la verdad no sería agradable para Federico, sopesó su relato antes de comentarlo.

—Con la guerra, nos reunimos todos en París. De allí nos fuimos a Cuba, donde vimos a María Zambrano, por cierto. Y ya en México... Manuel me dejó por otra mujer. Años después los dos murieron en un accidente de tráfico. Yo regresé a España, pero decidí volver a México para morir, porque España ya tenía unos recuerdos que no eran míos.

—Lo que éramos y fuimos al final —sostuvo Zenobia, quien, de seguido, optó por alabar la labor de María Teresa en el traslado de los cuadros del Museo del Prado hasta Valencia por la amenaza y destrucción de las bombas, como reconocimiento a su colega.

La escritora respondió con su compromiso político y cultural, por encima de todo. Y también narró a Federico cómo ella, junto a Santiago Ontañón, interpretaron *Amor de Don Perlimplín con Belisa en su jardín*, para recordar su muerte en 1937, mientras la guerra avanzaba. Le propuso a Federico que, si le daba unos minutos, se disfrazaba de Belisa para que él mismo evaluase su interpretación. Conforme María Teresa contaba todo, Federico no se había percatado de que el resto de las mujeres se habían ido desvaneciendo de su lado, como polvo arrastrado por el aire o volutas de humo. Y, a la vez, el espacio de la entrada del Lyceum, donde habían hablado, se había transformado en uno con una luz tenue.

—María Teresa, ¿por qué se han ido las demás?

—Amigo, somos pétalos de tu rosa. Estamos contigo el tiempo que nuestra hoja permanece agarrada a tu rosa, hasta que caemos. Y suerte tenemos de haber podido encontrarnos y no hayamos caído al vacío sin ni siquiera llegar a estrecharte.

Lorca quedó absorto en aquella idea y en las personas que esperaba ver. La escritora decidió avanzar unos pasos hacia un biombo donde cambiarse de ropa para su interpretación, pero, antes, Federico la cogió de la mano, al fin a solas, y la paró con la angustia en su pecho.

—¿Y Rapún?

Ella sabía que Federico diría aquel nombre en algún momento. Porque sabía que Rafael Rodríguez Rapún permanecía en lo más íntimo de él, como aquel gran amor que fue. Lo conoció como secretario de La Barraca y lo apodó «las tres erres», por las iniciales de sus apellidos y su nombre.

—¿Quieres saber mi verdadera opinión? —respondió, esperando la confirmación de Federico—. Creo que pocas personas tuvieron que sufrir tu fusilamiento más que él. En cuanto supo de tu muerte, se fue al frente del Norte. Sé que se marchó a morir. Estoy segura de que después de disparar su fusil rabiosamente se dejó matar. Fue su manera de recuperarte.

María Teresa deslizó su mano hasta separarse y se alejó detrás del biombo mientras un Federico sombrío permaneció a la espera, con la mirada baja, pensando en su antiguo amor, en las despedidas sin decir. Cuando regresó al presente, se percató de que su amiga le había dejado solo allí, y que se había marchado por una puerta que dejó abierta. Federico entró en aquella habitación, a oscuras, y anduvo unos pasos hasta que empezó a sentir un jaleo tremendo e identificó las bambalinas de un teatro. Entre aquel ruido reconoció que alguien hablaba en alto, con voz de mando, hasta que reconoció que decían su propio nombre, que retumbaba en toda la sala solitaria. Quiso dar unos pasos más hacia delante, hacia un foco que se adivinaba tras el telón, para comprobar quiénes eran y dónde se encontraba, hasta que entre unas cortinas apareció una mano que tiró de la suya y le hizo bajar de forma precipitada por unas escaleras hasta el foso. Cuando llegó a ese espacio a oscuras, cargado de olor de madera, barniz, polvo, cajas y trapos, notó que una persona siseaba para que guardara silencio. Obedeció y esperó, hasta que prendió la luz de un candil y pudo comprobar que ante él estaban Pura Maortua y María Lejárraga.

Aparte del Lyceum Club, María y Pura quisieron fundar otra asociación, conocida como La Cívica, para las mujeres trabajadoras o con menos recursos. Entre sus iniciativas estaban las clases de taquigrafía, idiomas o confección, además de conferencias sobre biología, pacifismo, deporte o abolicionismo para la liberación de la mujer. Desde entonces, Pura asumió la puesta en marcha de un club de teatro que, como propuesta del propio Federico, se llamó Anfistora. Y sus vidas se entrelazaron para siempre.

—Pero... ¡Pura! ¡María! —exclamó, abriendo sus brazos.

—Baja la voz, Federico —aconsejó María—, que al final nos descubren. Ha venido la policía de nuevo a cancelar *Amor de Don Perlimplín con Belisa en su jardín*, y te están buscando.

Federico recordaba sin duda aquel 6 de febrero de 1929 cuando la policía prohibió la representación y se llevó la copia de la obra, para ser archivada en la sección de Pornografía de la Dirección General de Seguridad.

—¿Otra vez? —expresó él, molesto.

—La historia siempre se repite, amigo. Quienes te silenciaron una vez, siempre perviven en otros —sostuvo Pura, quien dejó sobre una caja de madera el candil, para así estrujar la cara de Federico con las dos manos, antes de darle un beso enorme en la frente, con gran felicidad por el reencuentro—. Pero tú no te preocupes, que, si quieres, ya sabes cómo acaba esto.

Federico le guiñó el ojo, consciente de aquella insinuación, y aprovechó para hablar con ellas, que se subieron a unas cajas para sentarse, descansar y contarles qué pasó con su futuro. Y supo que el resto de los días de Pura nunca fueron tan apasionantes como los que vivió junto a él en aquel teatro, y que por eso siempre andaba entre las bambalinas, con sus mejores recuerdos. En cambio, escuchó fascinado el relato de una María Lejárraga que decidió ser completamente libre. Reconoció su valentía al

ser capaz de separarse de su marido, que había triunfado en el mundo de la cultura firmando con su nombre las obras que ella escribía. No solo de ficción, como *El amor brujo*, sino incluso sus ensayos feministas. Aquel hombre era Gregorio Martínez Sierra, el mismo empresario que también había estrenado algunas obras de Federico. Mientras él escuchaba cada uno de los muros que ella tuvo que derribar hasta recuperar su nombre en cada una de sus creaciones literarias, admiraba su compromiso y su activismo, como feminista y militante política que fue, hasta su huida a Argentina tras la guerra, donde murió.

María, después de destilar su relato, saltando hechos dolorosos y negaciones, sonrió, aún con una pesadez en su mirada.

—Hubo parte de sufrimiento. No fue un camino fácil, con tanta sociedad en contra que te juzga como mujer y como madre. Pero el feminismo me dio la fuerza necesaria para ver más allá y para recuperarme de cada adversidad.

—Bien que otros lucharon para quitarnos ese feminismo, como si fuéramos el enemigo —maldijo Pura.

—Nunca me cansé que decir que el feminismo solo quería que las mujeres tuvieran los mismos derechos y los mismos deberes que los hombres, gobernar el mundo a medias con ellos, ya que a medias lo pueblan…

—¿Has visto qué bien habla nuestra María? —lanzó Pura—. Querida, lee a Federico alguna de esas cosas que escribías.

Federico asintió y accedió con pasión, mientras María desplegaba unas hojas arrugadas donde tenía anotadas sus frases.

> Las mujeres callan, porque aleccionadas […] creen firmemente que la resignación es virtud; callan por miedo a la violencia del hombre; callan por costumbre de sumisión; callan, en una palabra, porque en fuerza de siglos de esclavitud han llegado a tener alma de esclavas.
>
> No se avergüencen ustedes de la pelea, no les dé rubor proclamarse de una vez para siempre feministas. Están ustedes obligadas a serlo por ley de naturaleza. Una mujer que no fuese feminista sería un absurdo.

Ante aquella intervención, Federico y Pura aplaudieron flojito, para no ser escuchados, pero con el rostro repleto de fascinación ante la oratoria de María.

—Fuiste, seguro, un impulso para muchas mujeres —dijo él.

—Y aun así —deslizó ella mientras bajaba la mirada y guardaba su papel—, no imaginas lo que pesa saber que, por tantas circunstancias, mi nombre esté borrado de tantos textos que ocupan con letras de oro el nombre de él. Porque, por mucho que luego hayan querido recuperarlo, el suyo estuvo siempre por delante y arraigó en la mente de tantos. Es complicado brillar cuando otros lo hicieron por ti.

Pura dio un salto de la mesa donde estaba subida y se dejó caer, para cambiar la sensación.

—Bueno, estamos aquí de nuevo los tres y... ¡mira lo que tengo, Federico! —desveló, mientras le mostraba, sacando por sorpresa detrás de su espalda, el texto recuperado de *Amor de Don Perlimplín con Belisa en su jardín*.

Federico volvió a reaccionar sorprendido.

—¡Me has engañado antes! ¡Lo tenías! Algún día me explicarás bien cómo hiciste para recuperar de la policía mi libreto «pornográfico», como lo calificaron —le advirtió, entre risas.

—Hay cosas que no se cuentan. ¿Volvemos a hacer el mismo trato que hace años? Yo he recuperado tu obra de la censura y, a cambio, como entonces, preparamos esta función de *Don Perlimplín* junto a *La Zapatera*, ¿te parece?

—¡Trato hecho! —confirmó el poeta, estrechando la mano de la joven.

—¡No se hable más! Me visto ahora mismo de Belisa... —anunció, mientras subía de forma precipitada la escaleras para abandonar el foso. Federico salió a toda prisa tras Pura y, cuando regresó para invitar a María a que los acompañara, ella ya solo era una voluta de humo.

—Adiós —dijo en solitario en aquel espacio; por si tal vez, si la presencia de su amiga aún permanecía allí, ella lo escucharía.

Ascendió los escalones hasta llegar a las bambalinas para repetir, en aquella oscuridad entre cortinas, poleas y cuerdas, el nombre de Pura. Avanzó con paso delicado, hasta que descubrió cómo un foco de luz caía sobre la silueta de la protagonista marcada en aquella trasera del teatro. Sin querer intervenir en ese comienzo sagrado, se desplazó casi de puntillas, dispuesto a escuchar su interpretación, justo en el momento en que descubrió que, ante él, ya no estaba su amiga Pura.

—¡Belisa! ¡Eres tú!

—Dicen que es el estreno de la obra, ¿no era así?

Federico caminó hacia ella, para abrazarla con ternura.

—Pensaba que ya os habíais olvidado de mí.

—Cuéntame. Volvamos a mi día. El día de mi estreno. ¿Qué dijo la crítica de mí?

Federico hizo una pausa para valorar, recordando los comentarios positivos pero también los negativos que nunca comprendieron el significado de aquella historia.

—¿Qué más da lo que dijeran, Belisa? Lo importante es lo que yo diga de ti y, visto con el tiempo, solo puedo estar orgulloso de haberte creado.

—Y yo de que me dieras voz de la historia de tantas mujeres usadas por hombres grotescos que convirtieron nuestras vidas en tragedias, porque solo pensaban en su honor y no en nuestra felicidad.

Federico le devolvió una mirada iluminadora, mientras le entregaba su propio manuscrito para que lo conservara y le daba la misma indicación que antes hizo al resto de sus personajes.

—Y, ahora, interprétame. ¡Que la auténtica Belisa hable!

Él se giró para apartarse, se escondió entre bambalinas y se apoyó en la pared para descansar su espalda y observar desde allí a su personaje. Lo que no esperaba era que el muro se moviera y se desplazase, y que él terminara en otro espacio diferente, aunque reconocible. Intentó con sus puños golpear la pared por si podía girarse de nuevo, y así despedirse de Belisa, pero aquel muro era ahora sólido como una piedra e inamovible.

Comprobó, en penumbra, que estaba en un lugar que creía identificar. Recorrió acelerado el pasillo medio circular en el que había desembocado, cubierto de madera y moqueta. Ascendió unos escalones y, cuando al fin pudo descubrir dónde estaba, constató que era su Teatro Español. Y, sobre el escenario, estaba Yerma. Sentada, con una espiga seca y un único foco sobre ella. Sabía que el viaje estaba acelerando acontecimientos y apariciones, y debía responder ante ellas. La joven iluminó su rostro ante la presencia del poeta, que caminó hacia ella y se sentó a su lado, muy conmovido por los recuerdos.

—¿Sabes que tú naciste aquí? Sobre las tablas de este escenario, el 29 de diciembre de 1934.

—¿Y cómo fue? —preguntó ella, ilusionada.

Federico hizo una pausa. Recordaba lo malo de aquel estreno, pero no quería compartirlo en ese momento de comunión íntima entre los dos.

—Recuerdo el temblor de mis pies tras este telón. Recuerdo el decorado tosco y seco, como tu alma. Y recuerdo cómo, poco a poco, crecías sobre el escenario, aunque antes ya habías crecido en mi pecho.

—¿Me aplaudieron?

—Siempre, cada vez más. No sabes bien lo que fue aquel preestreno, aquí, con Valle Inclán y mi amiga Pura. Poseíste, además, el cuerpo de una de mis mejores actrices, Margarita. Eras la que más silencio provocabas entre el público. Nadie te esperaba así. ¿Sabes quién lloró? Mi padre, cuando supo de tu triunfo en estas tablas… Imagina lo que significas para mí. —El poeta la miró, consciente de su propia creación y destino—. Mi Yerma, demasiado te hice sufrir. Una mujer que no era madre, en tu época, no era respetada como mujer.

—¿Por qué me escribiste? ¿Tu dolor, quizás, de no abrazar a un hijo?

El poeta sintió que aquellas palabras lo desnudaban por completo, en ese mundo privado que ni siquiera uno se atreve a compartir ni con sus propios pensamientos.

—No pude ser padre. Ni pude vivir esa experiencia única, solo vuestra, de ser madre. La maternidad y sus secretos… Es curioso —desveló, como si rescatara una duda permanente—. No sois madres si no sostenéis a una criatura en los brazos. Pero nunca se deja de ser madre cuando mueren los hijos. Sé que mi madre no dejó de serlo por mucho que yo me fuera, aunque ya no me pudiera abrazar ni decir buenas noches. Aunque no estemos, nunca dejan de ser madres. —Federico hizo una pausa para salir de aquellos pensamientos—. Al final me di cuenta de que el teatro fue mi hijo. Tanto, que recuerdo cómo dejé de escribir tu obra un tiempo por La Barraca, que siento como si fuera parte de mi sangre. Y bueno..., al fin y al cabo, a todas y cada una de vosotras os siento como a mis hijas, porque habéis nacido de mis raíces.

De pronto, aquel silencio solo roto por sus dos voces se interrumpió con la apertura enérgica de la puerta del teatro, y un grupo hostil entró en la sala al grito de «tortillera» y «maricón», acompañado de voces que repetían: «Ninguna mujer decente puede presenciar esta obra», «Esta obra es delito de escándalo público». «¡A por ellos!», gritó una de las voces que los identificó en el escenario. Federico tembló, pues aquella era la verdad que no había querido confesar a su personaje poco antes, cuando la obra desató las críticas más feroces de la sociedad más conservadora y arcaica. Y no solo por el tema, sino porque incluso hubo quien interpretó toda la pieza en clave política, hasta el punto de escribirse en la prensa: «El público aplaude cuando Yerma mata a su marido como si este perteneciese a la CEDA». Nada de ello quiso desvelar a Yerma, que ahora estaba desbordada de incomprensión.

—¡Huye, huye! —gritó ella.

—¡Tú también! ¡Ponte a salvo! —respondió él, asustado cuando comprobó que, tras llevar su mano al pecho, ya no brotaba obra alguna que entregar.

—¡Sal de aquí! ¡Yo los entretengo y hago frente!

Federico se quedó unos segundos paralizado y, caminando hacia atrás, mientras veía la turba avanzar a paso ligero hacia el escenario, obedeció y escapó entre las bambalinas del teatro. Él, que había estado allí decenas de veces, sentía ahora aquellos pasillos como un laberinto sin salida. Marchó sin rumbo por ellos, hasta que descubrió una fina raya vertical de luz al fondo. Anduvo a paso firme, hasta alcanzarla, abrir una puerta y descubrir que estaba ya ante la fachada de su Teatro Español. La gente se cruzaba a su paso, pero se percató de que aquella ya no era su gente, ni de su año ni de su siglo. Todo le parecía de una época futura. Como si su viaje hubiese ido más allá de lo razonable y esperado. Quiso retroceder, pero, de pronto, Federico se paralizó de nuevo ante lo que vio. Y comprobó que ahora, en esa plaza, había una estatua en su honor y que un grupo de hombres trepaba por ella. Pensó que querían, quizás, dejarle alguna flor o un recuerdo, pero pronto se percató de que el vandalismo y el odio era la única razón tras sus intenciones. Uno de ellos arrancaba la alondra que el poeta sostenía entre sus manos y otros rasgaban la piedra con una navaja para escribir la palabra «puto» sobre sus glúteos. Sintió que aquel puñal se lo estaban clavando a él mismo.

Aquella situación le aterró. Aún más cuando comprobó que aquel grupo de jóvenes que destrozaban su imagen miraba en su dirección y avanzaba hacia él. Se apresuró, saliendo de la plaza de Santa Ana en dirección a la plaza de las Cuatro Calles, aunque observaba las sombras de los cuerpos de aquellos chavales proyectadas en el suelo, que incluso daban alcance a la suya propia. Torció en dirección a una pequeña calle y en cuanto vio una alcantarilla semiabierta, no lo dudo. Terminó de apartar la tapa y, con premura, se dejó caer dentro. Sus pies se mojaron al introducirlos en el agua del colector subterráneo y, a pesar de la escasa luz, decidió sortear las atarjeas, y caminar y caminar a través de los diferentes túneles que se cruzaban entre sí. Algunas ratas sobresalían a su paso, aunque apenas reparaba en ellas ante el mayor miedo que sentía si era localizado. Su respiración se paró cuando escuchó, desde abajo, cómo arriba estaban presentes las voces del grupo de jóvenes que preguntaban por él. Notó que se alejaban y optó por seguir caminando por aquellos pasadizos subterráneos para escapar lo más lejos posible.

Perdió la noción del tiempo y de la distancia. Ya no sabía si estaba en el mismo Madrid, después de caminar kilómetros. En una unión de colectores, que espaciaba el entorno, se paró y decidió respirar con más calma. Pero aquella pausa duró poco. De repente, notó cómo varias gotas de agua caían sobre sus manos. Miró hacia arriba y comprobó que su cuerpo estaba bajo una alcantarilla por cuyas aberturas entraba agua de una lluvia que empezaba a aumentar su ritmo. Su corazón se aceleró cuando se dio cuenta de que el nivel, dentro del túnel, comenzaba a subir con rapidez. Observó cómo el agua le cubría los pies, luego las rodillas, la cintura, sus propias manos, su pecho, su cuello, su cabeza, y no pudo impedir dejarse arrastrar por aquella corriente de agua en un viaje por el tiempo. Se angustió, igual que cuando en la Costa Brava se asustaba con el mar y creía ahogarse aunque, en verdad, entonces estuviese en cuclillas a unos palmos del fondo del mar. Ahora, empezó a tragar agua. La vista se le nubló, cerró los ojos y hundió su cuerpo, ya sin resistencia.

El sonido del agua lo meció y lo envolvió como si regresara al líquido amniótico. Permaneció en ese estado un tiempo incalculable, hasta que abrió los ojos y, a su alrededor, no estaba la ciudad de Madrid hundida. Si levantaba la cabeza, observaba un agua que se aclaraba por la luz exterior. Si miraba a su alrededor, identificaba especies de peces, algas y arena al fondo. Y si dirigía los ojos hacia sus pies, su cuerpo descansaba en la proa de un pecio hundido en el mar. Sonrió con levedad y, para sí, recordó: «El sueño va sobre el tiempo / flotando como un velero». Y, con confianza, cerró de nuevo los ojos y se dejó llevar por aquel sueño fluctuante. Perdió la consciencia por completo, hasta que le despertó una sensación fría. Notó que su cuerpo, húmedo, había sido desplazado. Con sus manos palpó que descansaba sobre una superficie rugosa, pero adaptable a la forma de su cuerpo. Sus ojos pesaban. Sus labios sabían a sal. Notaba arena muy granulada entre el tacto de sus dedos. Recibía una suave brisa con una mínima humedad, el sonido de unas gaviotas lejanas y de unas olas que terminaban por acariciar la punta de los pies. Intentó abrir sus párpados sin apenas éxito. Solo vislumbraba, apenas, los rayos de un sol deslumbrante. Hizo otro par de intentos, queriendo que

sus ojos ya se abrieran de par en par. Cuando lo consiguió, la estrella sol, brillante, lo cegaba. Hasta que alguien se interpuso. Una silueta que no podía identificar por el contraluz miraba desde arriba cuando, de golpe, descendió para poner su cara muy próxima a la suya, como el científico que se acerca a contemplar un ciempiés o el detective que con su lupa se posa en los detalles hasta su descubrimiento. En un golpe de lucidez, aquella persona se aproximó más. Y fue entonces cuando sintió su aliento, sus ojos prominentes, el cosquilleo del roce de su bigote y una voz que le partió el corazón en cuanto sintió cómo le llamaba.

—Looooooooorquito... *El meu amic. Has tornat.*

Cadaqués

Federico lo examinaba con completa admiración, como la última vez que se vieron, como si el tiempo no hubiera pasado. Ya en aquella ocasión habían vuelto a reencontrarse después de una pausa de siete años y, por entonces, sintió que la distancia no había mermado su afecto. Lo suyo no había sido una amistad perfecta, pero sí una amistad confeccionada por hilos de confesiones, lugares, experiencias descubiertas y miradas secretas. En Federico, quedaba un poso de dolor, pero el tiempo mitigó aquella sensación y siempre permanecía la sentida por el pintor catalán. Federico contemplaba embelesado una casa que desconocía, en una zona llamada Portlligat. Una vivienda completamente blanca, enmarcada por un cielo denso lapislázuli, donde Salvador le había dicho que había regresado para descansar eternamente. Ahora Federico vestía de forma diferente. No sabía cómo, pero en Madrid se había quedado su traje clásico, cambiado ahora por unas sandalias, un pantalón blanco y una camiseta azul. Si cerraba los ojos, sentía el olor a mar y a sal, mezclado con pintura al óleo y químicos. Si los abría, tenía enfrente el infinito del mar, en quietud, fusionado con un enorme cielo celeste. Se dejaba calentar por los rayos del sol, se

asombraba por el paisaje agreste y escarpado de los acantilados de la Costa Brava y sentía en su rostro una leve tramontana que descubrió en aquellas vacaciones de jóvenes que los marcaron para siempre. Fue entonces cuando descubrió Cataluña pero, sobre todo, cuando elevó a Dalí a lo divino en una comunión profunda. Aunque todas aquellas sensaciones estaban en este nuevo encuentro, las circunstancias no eran las mismas. La vida ya les había pasado por encima. Los dos estaban muertos, pero él fue asesinado y Dalí no se alejó de quienes fueron sus verdugos. Federico sabía cosas de aquel Salvador que tenía ahora delante, pintando al borde de un acantilado y absorbido por la pintura.

—¿Dibujas mucho? —preguntó, mientras bebía un poco de la taza de café que Dalí le había entregado.

—Cada día. Imposible no hacerlo, con la plasticidad de este paisaje divino e incomparable. Trabajo devotamente con este azul intenso, celestial, sobrenatural, cósmico. No es posible cesar, Federiquito, este es mi estado natural. —El poeta cerró los ojos con una sonrisa de placer tras capturar, como si fuera el propio aire, la entonación marcada y peculiar de Dalí, con sus elevaciones y pausas sostenidas. Salvador siguió cautivo y entregado, con minuciosidad, al detalle de su cuadro, que Lorca no llegaba a ver, aunque sí la penetrante mirada de Dalí sobre el lienzo, con esos ojos que siempre pensó que le atravesaban y que tenían la capacidad de ver más allá que cualquier persona. Dalí sintió que Federico quería entrar en su pensamiento y cesó bruscamente su faena para buscar su mirada—. ¿Qué sentiste cuando te dispararon?

Federico parpadeó unos segundos ante esa pregunta, que sintió como un disparo a su alma. Sopesó la respuesta, evocando tantas conversaciones que tuvieron en la juventud sobre la muerte, parecían sentirse inmortales.

—Solo pensaba en lo que dejaba, en el dolor de mi familia. —Lorca levantó su labio, en un mohín que remarcaba lo absurdo—. Tanto obsesionarnos con si hay vida después de la muerte, cuando lo importante es estar... Agarrarse a la existencia de la vida cuando se produce porque es lo único seguro. No sé si mi respuesta cubre con certeza tu interés. ¿Qué quieres saber?

—Solo me atrapan los secretos de la muerte profunda y del cosmos, pues la conexión existe. Sé de la muerte natural, pero no si te matan. Debe ser extraordinario, en forma, tan diferente a la estupidez mortal común. Extraordinario incluso en la putrefacción del cuerpo y el alma, la materia y el espíritu. Fuiste extraño hasta para morir. Ahora estamos juntos aunque llegamos por caminos diferentes. Aún intento descubrir dónde estamos, en qué estado permanecemos infinitos como materia compuesta por átomos inmortales. Mira mis manos..., ya no tiemblan, no hay rastro de mi enfermedad. Y mira tu cuerpo, no hay rastro de balas. Quizás no estamos muertos, Lorquito. Quizás vivimos ahora... —Hizo una pausa, poseído por el discurso, y rebajó su temperamento, para cambiar de conversación—: ¿Por qué has tardado tanto?

Federico reflexionó, bebió otro sorbo de café y miró hacia el mar infinito.

—Yo estoy de paso, amigo.

—Nadie tiene nada seguro aquí, Federiquito.

—Qué más da todo, entonces... Si solo el misterio nos hace vivir. Solo el misterio.

Dalí levantó su mirada por encima del lienzo, en complicidad con aquella frase, y un gesto de su boca elevó su bigote.

—Tú... —expresó el pintor de forma rotunda, dejando la última vocal muy marcada y en el aire— siempre jugaste con la muerte. Aquí, en Cadaqués, te hiciste el muerto, como en la Residencia.

—¡Cómo recuerdo el susto que se llevó tu hermana Anna María! ¿Dónde está ella? Tengo ganas de verla.

Salvador cambió su expresión y, con intención, obvió una respuesta. Hizo un gesto extraño con sus manos y su pincel, como si diera marcha atrás en un reloj imaginario, y aprovechó para desviar los recuerdos hacia la Residencia de Estudiantes. Entre los dos recuperaron instantes como la fiesta del té o aquella cabaña construida con un ángel en un trípode, mientras gritaban socorro desde la ventana, como dos deambulantes por el desierto.

Federico sonrió levemente ante aquel cúmulo de anécdotas, mientras exhalaba el humo de un cigarro que acababa de prender, y observó el infinito, removido por dentro ante tantos sentimientos de amor y contradicciones. Se detuvo unos minutos a analizar cómo Dalí se entregaba aún a la pintura con la misma pasión que él a la poesía. Cómo, desde su espacio singular, uno desde la mirada poética y el otro desde la mirada pictórica, construía y deconstruía en una búsqueda constante de perfección.

—Todo este tiempo guardé plegadito en mi alma ese porfolio tuyo de recuerdos y risas imborrables. Me alimentabas en la poesía. Me conmovías y me inspirabas. Me da vergüenza aún mirarte —confesó para, en un segundo, abandonar su visión hacia el horizonte y buscar sus ojos frente a frente— y, a la vez, me da dolor.

En este tiempo, Federico había descubierto que, a veces, los muertos no tienen que poner las cartas sobre la mesa para saber las heridas que se arrastran. Y, aunque coincidieron después de aquellos desencuentros que los alejaron, todo seguía ahí. Dalí sabía que se refería no solo a lo que vivieron en Cadaqués, sino a la soledad que sintió cuando él se unió a Buñuel, cuando los dos cuestionaron su *Romancero gitano* y aquel perro andaluz... Y a cómo reaccionó cuando supo que había sido asesinado.

—Tus palabras y tu posesión lírica siguen siendo formidables y agitadoras. No hay nada más sensato que no hacer caso de nadie, aunque diga ser tu amigo. Aquel «olé» cuando supe de tu noticia lo exclamé porque representaste la muerte idéntica trágica española de un toro frente a una plaza. Sabes que mi mente simboliza todo de ti. Tu cuerpo sublime, tu mente prodigiosa... Tu muerte estuvo lejos hasta de lo putrefacto, única, colosal e irrepetible.

El poeta retomó.

—Hay mucho más que eso, Salvador.

—Looooorquito —exclamó, elevando todo su rostro tras el lienzo para confesar mientras sostenía una mirada profunda con el poeta—. Eres la amistad más grande que he tenido. Inconfundible. Irrompible. Incomparable. Rotundamente irrepetible.

—Siempre dije que hay amistades que se escurren de las manos como el agua clara, otras que son como una rosa que uno se prende despreocupadamente en el ojal, pero las verdaderas amistades son como los chupapiedras de los niños andaluces, son lapas que se plantan silenciosamente sobe el corazón. Como tú... Durante un tiempo pensé que éramos dos espíritus gemelos, pero nunca hablé de ti como tú de mí.

—Cuando mis palabras te dolían yo no hablaba del amigo, hablaba del artista. Puro análisis surrealista o material. Y aun así, la amistad es otro misterio, peculiar e instintivo. Puedo ser execrable, pero una cosa es la amistad verdadera… y otra ser amigo. En la primera, alcanzamos el culmen de la pureza y la grandeza. En la segunda, quizás no estuve siempre a la altura —desveló, haciendo ahora él una nueva pausa en la que recapacitaba sobre su revelación—. No siempre se es buen amigo, aunque sepas que no habrá otra amistad igual.

Federico meditó sus palabras y balanceó hacia recuerdos más dulces.

—No quiero que te quedes solo con reproches, como el graznido de la oca en el desierto. Asumo todo lo que me nutriste. Eras como una hormiga que me traía su delicado alimento y me lo llevaba a la boca y lo guardaba hasta que pasara el invierno. Pero me dejaste solo. El Dalí que yo conocí desapareció cuando más lo necesitaba.

—Y el García Lorca. Todo acaba —manifestó con rotundidad, alzando su pincel al aire—. ¡Nadie existe, Federico!

De golpe, una jabalina irrumpió entre los dos y se clavó en el suelo, junto a la silla de Federico, quien reaccionó asustado, temiendo lo peor.

—¡No deja de molestar! —maldijo Dalí, volviendo a su pintura y bloqueando la conversación—. No quiero hablar con él.

—¿Quién?

Federico miraba hacia atrás, intentando concretar desde dónde había sido lanzada.

—¿Quién va a ser? Luis.

—¿Buñuel está aquí? —manifestó, sorprendido.

—Aparece a veces, a molestar, como una mosca. Y yo la aparto. En mis últimos días, cuando buscaba franqueza, me correspondió como alguien lejano de quien fue. No me genera el menor interés su presencia.

Federico reaccionó contrariado, mirando a Dalí, quien ya no le devolvía sus ojos profundos y se centraba solo en el dibujo. Se levantó, intrigado, y anduvo unos metros lejos del pintor para intentar localizar a Buñuel entre pinos y matorral, madroños y lentiscos, jaras y lavandas. A veces, intuía escuchar un zarandeo oculto entre ellos, unas ramas agitadas como avisos, e intentaba que ese sonido le permitiese seguir el rastro. De pronto, cuando rebasó uno de los arbustos, vio el cuerpo de una mujer. Ante su presencia, ella dio un brinco, asustada. Su memoria le impedía identificarlo…, hasta que penetró en sus ojos. En aquella conexión, caminó hasta ella y la abrazó entre lo oculto de la vegetación, mientras a su lado sentían el graznido de unas gaviotas que volaban cerca.

—Yo sabía que volverías, Federico —sostuvo Anna María, la hermana de Dalí, mientras extendía un tejido—. Aquí tengo el pañuelo de seda que me regalaste.

—Anna María, ¿qué haces aquí? Dime sinvergüenza, sinvergüenza, sinvergüenza, como te pedía en aquella carta, por responderte tan tarde. He tardado mucho en verte. Vente conmigo y con tu hermano Salvador.

—No —respondió con terquedad, sin querer compartir con él los motivos de la separación que los dos hermanos vivieron tras varios capítulos de desencuentros—. Tu muerte fue como el luto de un verdadero hermano mío. No dejé de pensar, cuando lo supe, en cómo habrías vencido el pánico ante tu final. Tú, que si íbamos a la mar y reinaba la calma, tenías vértigo. Y si había oleaje, temías que las olas nos engulleran. Tan solo no sentías miedo a la muerte los domingos, en misa, cuando presentías la vida eterna.

—No puedo describirte mi terror —sostuvo Federico, mientras daba la mano a su amiga, aquella que conoció en los meses en Cadaqués, y cuyo corazón logró atravesar en un apego auténtico.

—Yo me rebelé para que no callaran tu recuerdo… y aun así ahora ni te reconocía. Buena rabia me ha dado, pues el silencio que aumenta cada día entorno a ti hace que te vayas a rincones lejanos de mi cerebro. Pero quiero que sepas que en la bahía de Es Llanés, en mi salón, hice un museo de ti mientras tu nombre no podía ser nombrado. Pasé de musa del genio a ser la nada, ¿sabes? —deslizó, sin querer profundizar más—. Me cansé de sus extravagancias y su notoriedad. Mejor que no vieras en qué se convirtió.

El poeta no quería saber más, pues no costaba adivinar que las tensiones familiares habían ido en aumento. Resultaba difícil olvidar aquella ocasión en una exposición en París, cuando Dalí mostró un Sagrado Corazón en el que se podía leer la inscripción: *Parfois je crache, par plaisir, sur le portrait de ma mère* ('A veces escupo, por placer, sobre el retrato de mi madre'). Aquello le valió ser desheredado y, aunque luego intentaron retomar las relaciones, no quería ni imaginarse qué situaciones pudieron vivirse en aquel núcleo familiar.

—A mí me importas tú. A pesar de todo, ¿fuiste feliz? —preguntó Federico.

—Todo lo feliz que se puede cuando estás sola. Y todo lo infeliz que se es cuando en esta guerra me torturaron y me violaron en una checa.

No le quiso contar más de aquello, pues le dejó secuelas físicas y mentales que no quería revivir. Quizás, por ello, había reaccionado con susto en su encuentro. Federico se estremeció y concluyó, tras escucharla a ella y a todas las mujeres con las que se había encontrado, que en un conflicto ser mujer era no salvarte en ningún bando, pues por tu sexo estabas expuesta en todos. Era el sexo como humillación, escarmiento y poder.

Anna María se acercó a una rosa que, entre los arbustos, destacaba por su forma prominente. Federico recordó la rosa negra de la Huerta de San Vicente. Dudó cómo estaría, cuántos pétalos ya se habrían perdido y cuántas personas le quedarían por ver. Anna María le ordenó que se acercara a oler la flor. Obedeció. Ella le insistió para que cerrase los ojos con fuerza y volviera a olerla fuertemente. Acató sus deseos, se aproximó más a la rosa, introdujo su nariz más profunda entre los pétalos, cerró los ojos e inspiró aquel penetrante perfume mientras sentía un empuje de aire que levantaba sus pies del suelo y lo mezclaba con el viento. En sus oídos ya no estaban ni las gaviotas ni las olas que rompían en los acantilados. La brisa marina y la humedad ya no le rodeaban. Ahora se escuchaba el murmullo de gente, pasos, coches y algunos gorriones. Abrió los ojos y descubrió que su viaje le había traído hasta las floristerías del paseo de las Ramblas, en Barcelona.

Aquel lugar estaba cargado de simbología para Federico. Durante el estreno de *Doña Rosita la soltera o el lenguaje de las flores* en la ciudad condal, la actriz Margarita Xirgu recibía un ramo sin tarjeta tras interpretar, cada día, al personaje. Pronto descubrieron que aquel regalo provenía de las floristas de las Ramblas. Y tanto ella como Lorca las invitaron un día a una función especial. En este retorno, las floristas rodearon a Federico en cuanto allí lo vieron, para volver a saludarlo y entregarle nuevas flores en su honor. Incluso algunas aprovechaban para reclamarle aquella alocución que les dedicó. Federico no podía olvidar aquel texto que escribió con rapidez, en unas cuartillas de la compañía de Margarita que ella misma le entregó. En su camerino y sentado delante del espejo del tocador. Ahora, Federico, rodeado por ellas, en aquella arteria de la ciudad, produjo un silencio solemne antes de recuperar aquel texto del pasado que, por su corazón, volvía a brotar como si aún fuese presente:

> La rosa mudable, encerrada en la melancolía del Carmen granadino, ha querido agitarse en su rama al borde del estanque para que la vean las flores de la calle más alegre del mundo, la calle donde viven juntas a la vez las cuatro estaciones del año, la única calle de la tierra que yo desearía que no se acabara nunca, rica en sonidos, abundante de brisas, hermosa de encuentros, antigua de sangre: Rambla de Barcelona.
>
> Como una balanza, la Rambla tiene su fiel y su equilibrio en el mercado de las flores donde la ciudad acude para cantar bautizos y bodas sobre ramos frescos de esperanza y donde acude agitando lágrimas y cintas en las coronas para sus muertos. Estos puestos de alegría entre los árboles ciudadanos son el regalo del ramblista y su recreo, y aunque de noche aparezcan solos, casi como catafalcos de hierro, tienen un aire señor y delicado que parece decir al noctámbulo: «Levántate mañana para vernos, nosotros somos el día».
>
> Nadie que visite Barcelona puede olvidar esta calle que las flores convierten en insospechado invernadero, ni dejarse de sorprender por

la locura mozartiana de estos pájaros, que, si bien se vengan a veces del transeúnte de modo un poquito incorrecto, dan en cambio a la Rambla un aire acribillado de plata y hacen caer sobre sus amigos una lluvia adormecedora de invisibles lentejuelas que colman nuestro corazón.

Se dice, y es verdad, que ningún barcelonés puede dormir tranquilo si no ha paseado por la Rambla por lo menos una vez, y a mí me ocurre otro tanto estos días que vivo en vuestra hermosísima ciudad. Toda la esencia de la gran Barcelona, de la perenne, la insobornable, está en esta calle que tiene un ala gótica donde se oyen fuentes romanas y laúdes del quince, y otra ala abigarrada, cruel, increíble, donde se oyen los acordeones de todos los marineros del mundo y hay un vuelo nocturno de labios pintados y carcajadas al amanecer.

Yo también tengo que pasar todos los días por esta calle para aprender de ella cómo puede persistir el espíritu propio de una ciudad.

Amigas floristas, con el cariño con que os saludo bajo los árboles, como transeúnte desconocido, os saludo esta noche aquí como poeta, y os ofrezco, con franco ademán andaluz, esta rosa de pena y palabras: es la granadina Rosita la soltera.

Las floristas y las personas que habían sido atrapadas por el discurso del poeta y su peculiar entonación rompieron en un aplauso con el que sintió el calor de un pueblo que no le rechazaba. Mientras el público se dispersaba y se acercaba a comprar flores de los puestos, Federico no había dejado de mirar fijamente a una mujer que, entre la multitud, le devolvía un gesto de cariño. Era la primera mujer en ser directora del diario *La Vanguardia*, pero una vez acabada la guerra ese mismo cargo la silenció. Fue encarcelada durante días y se le negó su condición de periodista, que solo pudo recuperar años más tarde. Federico se acercó, sabiendo que ella era María Luz Morales.

—Vengo de parte de Doña Rosita.

Ella sonrió ante aquella frase, porque fue así como Federico se presentó en su casa una mañana para agradecer la crítica espléndida que había realizado de la obra en un diario catalán.

—Dígale a Doña Rosita, poeta del pueblo, que sigue siendo mi preferida —confesó ella con un guiño mientras se retiraba, momento en que un nuevo cuerpo, grande y corpulento, ocupó toda la visión del poeta. Y su respiración se quebró de nuevo cuando Luis Buñuel era el que caminaba hacia él.

—¿Qué haces aquí?— preguntó, mientras lo abrazaba con sorpresa.

—Camino vagabundo entre Madrid, mi Zaragoza y Barcelona. Intento saber de todos, pero no había forma de llegar hasta ti.

—Me hubiese gustado verte con Dalí. Los tres juntos, como en los viejos tiempos.

Buñuel se agitó molesto ante la confesión de Federico.

—Bueno... siempre estoy alrededor de Salvador, como un moscardón. No lo soporté después, pero no puedo dejar de ver cómo trabaja.

Federico obvió aquella reflexión, inconsciente del gran distanciamiento que se produjo entre Dalí y él y de la historia de celos que, en el fondo, siempre se sostuvo sobre todo tras su encuentro en Cadaqués. Celos profesionales y personales.

—Buenos amigos que fuisteis cuando me marcasteis como perro andaluz.

Buñuel hizo un ademán de queja ante las palabras de su compañero, molesto por aquel recordatorio.

—Mira, Federico —terció—, fui muy bruto contigo.

—Ya te lo decía yo..., que bruto eras un rato. Ahora lo reconoces.

Buñuel sonrió ante el detalle jocoso de su amigo y prosiguió.

—No te supe comprender como poeta ni dramaturgo, porque Dalí y yo éramos por entonces surrealistas puros y todo lo demás no lo entendía, me venía grande, me era simple. Y ahí estuvo tu virtud, yo me arrepiento. Pero siempre valoré tu manera de recitar, tu lectura divina cuando nos sentábamos en la hierba del descampado tras la Residencia. Sabes bien que ahí yo me callaba y era todo oídos.

—No me entendiste como poeta ni como persona, porque me humillaste con aquella pregunta cuando yo aún no tenía valor de expresarlo.

Luis hizo otro gesto de desesperación.

—Pero, entiéndeme, Federico... Los rumores por la Residencia sobre tu condición no paraban de decirse. Me sentía tu amigo. Tenía la obligación de preguntarte si eras maricón, nada más.

—¡Que no vuelvas a decirlo!

—Además, nos reconciliamos aquella misma noche. Y qué más da ya lo que cada uno piense o sienta. Los tres destacamos en lo nuestro y hemos pasado a la historia, ¿eh?

—Vosotros pasasteis a la historia con vida. Yo pasé asesinado.

Buñuel guardó unos segundos de silencio. Y sintió un tímido escalofrío cuando reconoció para sí la fortuna de haber tenido una suerte diferente a la de Federico. Porque Buñuel se implicó en política sin cortapisas, asistiendo en 1932 a la primera reunión de la Asociación de Escritores Revolucionarios, se separó del grupo surrealista y se afilió al Partido Comunista francés. Y firmó un manifiesto contra Hitler junto a Lorca o Alberti. Él podía haber tenido el mismo destino.

—Tu noticia me partió el alma. Y ojalá aquella foto nuestra en un avión de cartón en el parque hubiese sido real y te hubiese ayudado a escapar.

—¿Escapar de qué? Si me fuera donde me fuera mis principios eran intocables y mi pensamiento, el mismo. Aquellos días interminables desde que vinieron a por mí, todo mi trabajo se desmoronaba en la cabeza, y pensaba si alguno de vosotros tenía la noticia y me ayudaría a salir. Y mi corazón se partía a cada segundo, hecho polvo, irrecuperable. Y mi sensación de dolor era tan honda y profunda como cuando Dalí o tú os alejasteis de mí.

—Tú nos hacías sombra. Por tu personalidad simpática, brillante y magnética... ¡Y que siempre ibas hecho un pincel! Por eso todos querían visitarte en tu habitación, porque todos salíamos encantados de allí. Pero

la época y esa juventud…, esa tozudez de ego que impedía reconocer lo grande que eras... Mira, mira lo que dije de ti en mis memorias —sostuvo, mientras desplegaba un recorte de papel que llevaba guardado en el bolsillo de su camisa y se disponía a leer.

> De todos los seres vivos que he conocido, Federico es el primero. No hablo de su teatro ni de su poesía, hablo de él. Me parece, incluso, imposible encontrar a alguien semejante. Ya se pusiera el piano a interpretar a Chopin, ya improvisara una pantomima o una breve escena teatral, era irresistible. Podía leer cualquier cosa, y la belleza brotaba siempre de sus labios. Tenía pasión, alegría, juventud, era como una llama. Cuando le conocí en la Residencia de Estudiantes yo era un atleta provinciano bastante rudo. Por la fuerza de nuestra amistad, él me transformó, me hizo conocer otro mundo. Le debo más de cuanto podría expresar.

—Ojalá nada de lo malo entre nosotros hubiese pasado —llegó a responder Federico—. Yo me quedo con lo bueno de ti.

—¿Sabes qué? —prosiguió Buñuel, para enfatizar su admiración—, una vez que te mataron, tuve mucho interés e intenté llevar a la escena *La casa de Bernarda Alba*. Qué grandiosidad de obra hiciste, amigo, y cómo me hubiese gustado hablarlo contigo. No sé si te habría parecido bien lo que tenía en la cabeza. Yo me lo imaginaba todo negro, absolutamente negro. Mira.

Tras aquella palabra, desplegó ante sí un enorme velo negro que, de sopetón, cubrió completamente el rostro y el cuerpo de Federico. El poeta intentaba retirarse la tela de encima. Luchaba contra ella mientras los brazos de Buñuel, entre indicaciones atropelladas, lo atrapaban. Conforme más fuerza ejercía contra el cineasta, parecía que le cubrían más metros de tejido. La voz de Buñuel comenzó a apagarse mientras llegaba un nuevo eco cada vez más cercano y perdía fuerza aquella tela hasta convertirse en más ligera, liviana; cuando logró retirarla descubrió que estaba sobre un escenario, vestido como la Sombra de *La vida es sueño*. El director acababa de llegar. Federico había vuelto a su Barraca.

ROSA BLANCA

La Barraca por España

La barraca será portátil. Un teatro errante y gratuito que recorrerá las tórridas carretas de Castilla, las rutas polvorientas de Andalucía, todos los caminos que atraviesan los campos españoles. Penetrará en las aldehuelas, poblados y ríos, y armará en sus plazoletas sus tablados y tingladillos de guiñol. Resurrección de la farándula ambulante de los tiempos pasados.

Aquella reflexión, que él mismo pronunció un día ante su amigo Carlos Morla, brotó en su mente en cuanto vio a sus compañeros de teatro en el trajín del trabajo, momentos después de haber acabado la actuación. La Barraca había sido el trabajo más ilusionante que desarrolló en su vida cuando, en la Segunda República, Fernando de los Ríos le confió este proyecto de las Misiones Pedagógicas, que llevó por todos los pueblos de España. Y el que quizás, consideró, nunca le perdonaron, porque hay quienes no quieren hacer al pueblo pensar. Con La Barraca, Lorca pudo regresar a su Residencia y vivir en ella durante semanas, pues fue ofrecida como espacio de ensayo. Por eso, casi todas las personas que formaban parte de la compañía eran de allí.

Lorca miraba embelesado el espíritu de La Barraca desplegado ante él. Aquel tablado desmontado de seis por ocho metros, las cortinas y decorados, actrices y actores que retiraban su maquillaje, técnicos de arriba para abajo en sus quehaceres... y aquel inconfundible y reconocible mono azul de la compañía, que comprobó que él mismo llevaba ahora puesto.

—¡Federico! ¡Al fin llegas! ¡Necesitábamos a nuestro director!

El alboroto de Eduardo Ugarte en cuanto lo reconoció, diciendo en alto el nombre del poeta, hizo que toda la compañía acudiera con gestos y frases de felicidad a su llegada, entre ellos, Enriqueta Aguado, Ramón Gaya, Santiago Ontañón, los conductores Aurelio Romero o Emilio Lomba, doña Pilar, Pedro Miguel González Quijano, Gonzalo Menéndez, Carmen Galán, Carmen García Lasgoity, Carmen Risotto o Pilar Aguado. Todos ellos con su mono azul y todas ellas con el vestido azul y blanco.

—¡No me puedo creer que estéis tantos aquí! ¡Y que La Barraca siga hacia delante! ¡Si llego a saberlo, vengo antes!

Todos rompieron en una carcajada ante un Federico exultante, que escuchaba decir que la función en Burgo de Osma, donde empezó toda aquella magia teatral, había sido un éxito.

—Pues queremos hacer una nueva Barraca con tus obras, maestro, porque no sabemos bien por qué nunca lo hiciste —sostuvo doña Pilar.

—Si no llega a ser por esa maldita guerra, ¡qué país hubiésemos creado con las gentes sencillas, amigo! ¡Gentes sencillas a las que despertabas con las obras que elegías y a los que les cambiabas la vida para siempre! —enfatizó Ugarte—. ¿Te vienes?

La invitación de su amigo le abrió los ojos de par en par en cuanto vio delante el camión Chevrolet que usaban para desplazarse por toda España; lo llamaban *La bella Aurelia*, en honor a su prima Aurelia González. No pudo resistirse a subir con algunos de sus compañeros y gritar, nada más escuchar el motor, un «¡adelante!» con todo el aire de sus pulmones. Federico sentía en su piel, de nuevo, la misma emoción de aquella primera vez. Evocó en su mente aquella lluvia en Almazán mientras

representaban *La vida es sueño*, con el rumor del agua que se mezclaba con los versos de Calderón y la música, sin que nadie se fuera de allí a pesar del diluvio.

Si este viaje en el tiempo le permitía repetir cosas que había hecho en su vida, de esta no se arrepentía, a pesar de que no toda España llegara

a valorar la trascendencia de aquel proyecto que, incluso, fue considerado una amenaza. Un García Lorca rebosante de felicidad no dudó en comentar con sus compañeros y compañeras de La Barraca la suerte que él también había tenido antes. Cuando, desde joven, su padre y su madre le ayudaron para que pudiera descubrir gran parte de España en un viaje de estudios con su maestro Martín Domínguez Berrueta, por Zamora, Palencia o Ávila, donde se hizo incluso con las astillas de todo lo que usó Santa Teresa, tras visitar el convento de clausura de la Encarnación. Ahora era consciente de cómo ese conocimiento de España, de la idiosincrasia de cada rincón y de sus gentes, le permitió intuir el éxito de aquella Barraca por lugares donde el teatro no iba, incluso más allá, hasta Tánger o Tetuán.

Inmerso en aquellos recuerdos, se quedó dormido hasta que el cese del vaivén del camino le desveló. Se percató de que la noche ya había caído en la carretera. La gran mayoría de sus compañeros descansaban dormidos, con las cabezas de unos sobre otros, apoyadas en los hombros o en los regazos y las piernas. Permanecían ahora detenidos en uno de los parajes indefinidos de los pueblos de España. Descendió del camión y cerró contra su cuello las dos solapas del mono, ante la temperatura más fría de la noche. Había, además, una suave niebla muy baja, que crecía en altura en determinadas zonas del lugar. Anduvo unos metros entre unos árboles, en busca de calma para pensar, hasta que una brizna de hierba cruzó por delante de sus ojos. Avanzó algo más y comprobó que había cesado el canto de los grillos. Su entorno se había hecho más hostil, con una tierra de polvo bañada por una enorme luna roja. Y escuchó, a sus espaldas, una dulce voz.

No hay minuto del día
que estar contigo no quiera,
porque me arrastras y voy,
y me dices que me vuelva,
y te sigo por el aire
como una brizna de hierba.

Federico se giró y observó, ante sí, el rostro de Novia.

—En verdad, mi corazón es tuyo y siempre seré solo una brizna de hierba por ti —desveló ella, con una sonrisa de ternura.

—¡Mi niña! Pero ¿cómo has aparecido aquí?

—Porque mientras estabas en tu Barraca, yo estaba en tu mente y en tu creación.

Él asintió, con aquel recuerdo confirmado.

—No sabes bien cuánta envidia me dabas. Cuánto me atrapó aquella historia real. Creo que ninguno de mis personajes reflejó como tú mi alma entregada y pasional. Te pusiste el mundo por montera a pesar del qué dirán. Y prometo que yo intenté vivir así, pero bien sabes que, en tu arrojo y en tu intimidad, hay mis desvelos y angustias.

—Siempre supe que me escribiste desde la comprensión del deseo. Y, quizás, el resto de las mujeres no me entendieran, pero sé que tú sí, y con eso me basta.

—En tu deseo están todos los míos atrapados. Que sé bien lo que es sentir algo que te arrastra por quien no debes, ocupado en otro corazón. Que sé bien lo que es tener cariño a alguien pero no ardor. Que sé bien lo que es una piel que te encienda y se apodere de tu razón sin tener ninguna explicación que te calme. El amor, dicen, es luz, pero también es oscuridad. Y, al final pasa el tiempo y ves que ese deseo se apaga como una llama, en un amor oscuro que te consume. Hasta que descubrí, al final, que la única verdad era que este Federico lo que quería era amar y ser amado por igual.

—Pero ¿por qué mi final estaba abocado al destierro? ¿Por qué no podía triunfar mi deseo?

—Porque ni a tu personaje en la vida real le ocurrió, ni la sociedad te lo iba a permitir, pues era el final de las mujeres. Yo mismo sabía que a cada amor tachado, mi corazón era señalado de críticas y marginado, apartado como alguien sucio a quien le tenían prohibido amar desde la pureza como todos los demás. Eso me hacía indefenso. ¿Y sabes, al principio, cómo me curé? Un día le dije a mi amigo Martínez Nadal que «es mejor ser cruel con los demás que tener que sufrir después calvario, pasión y muerte». Y ahora, después de mi final, me he dado cuenta de que la crueldad no sirve de nada. Y que muchos te quiero y muchos arrojos se quedaron flotando en el aire de los lamentos.

—¡Amigo! ¿Hablas con alguien?

La voz de Gaya hizo dar a Federico un brinco y mirar de dónde procedía. Comprobó la presencia de su compañero a unos metros, quien avanzaba encendiendo un cigarro, y, cuando giró los ojos hacia Novia, ella ya no estaba.

—No, no —dijo, intentando que no se percatara de la verdad—. Solo hablaba en voz alta.

—¿Molesto? —le cuestionó Gaya, quien le respondió con una sonrisa, un abrazo y tendiéndole un cigarro que Federico aceptó y al que su amigo prendió fuego. Le dio una bocanada antes de hablar y ver cómo sus ideas del pasado se mezclaban entre las volutas de humo.

—Qué hermoso es que hayáis permanecido con el espíritu de La Barraca. Me hincha el pecho de orgullo saber que todos quedáis.

—No estamos todos —aclaró el pintor—. Algunos se hicieron del bando nacional en la contienda.

—Estáis vosotros, es lo que cuenta —respondió Federico, solemne—. ¡Cómo pensar que a quienes les abrimos una ventana de contemplación y escape con el teatro presenciarían pocos meses después el peor de los dramas, que es la guerra!

—Por eso, después de tu marcha y en plena batalla, hicimos incluso funciones. Había que crear otros mundos para sobrevivir. Y por eso ahora algunos retomamos, en este mundo diferente, La Barraca. Tenemos que hacer memoria incluso aquí. Memoria de nuestra alma muerta.

Federico le miró interesado.

—Quiero escucharte, amigo —le respondió, atento. Gaya aspiró dos bocanadas más de su cigarro y empezó a esbozar sus memorias.

—No sé si recuerdas que en el 34 os confesé que me había enamorado de Fe, de Fe Sanz, y... cuando vino la guerra yo solo podía estar donde tenía que estar, con los que querían libertad. Nos casamos en Madrid. En el 37 nació mi hija, Alicia, y los tres nos fuimos para Valencia, donde aún resistía la República. Cuando vimos que ya estábamos acorralados, como tanta gente, acordamos que yo intentaría cruzar a Francia, por el Coll d'Ares. Ella escaparía en un tren con la pequeña y con Carmen Muñoz, esposa de Rafael Dieste. Pero, en la estación, empezó un bombardeo terrible sobre Figueres y Fe murió en el ataque. Lo supe tiempo después, tras estar más de quince días en el campo de refugiados de Saint-Cyprien.

—Lo siento, amigo mío —confesó Lorca, con el horror en sus ojos—. ¿Y tú? ¿Y la pequeña?

—La pequeña fue protegida por Carmen, la señora que acompañaba a mi mujer, y luego la dejé al cuidado de un matrimonio inglés. Yo, para entonces, estaba ya en México lamentando sus ausencias, con un doble duelo en el destierro. Solo pude volver muchos años después. La guerra no solo me arrancó mi vida aquí, me quitó a mi mujer y toda la infancia de mi hija, que me perdí.

—Yo me volqué en defender el país hasta que pude —desveló Santiago Ontañón, que aparecía para sumarse a su lado—. Con María Teresa... con nuestra María Teresa León, me dediqué a interpretar en los grupos teatrales de la guerrilla, donde dábamos obras de contenido muy político pero también clásicos, porque necesitábamos escapar de todo este horror. Y ahí nos acordábamos mucho de La Barraca y de tu empeño, amigo poeta. Luego, acabé en Chile y en Uruguay, hasta los años cincuenta, que regresé para morir solo y prácticamente olvidado. Por eso vengo aquí, con La Barraca, donde encuentro la fuerza más potente de recuerdo para seguir vivo.

—¡Quién nos iba a decir este rosario de penurias, con todo lo que compartimos juntos! —lamentó Federico.

Se refería a que Santiago estuvo con él desde sus principios, en aquel desastroso estreno de *El maleficio de la mariposa*, en el Teatro Eslava. El mismo que estaría a su lado en la Residencia de Estudiantes cuando Federico descubrió entre las páginas del *ABC* el crimen que le inspiró *Bodas de sangre*.

—En México me encontré a Margarita, a tu Xirgu, y juntos estrenamos *Mariana Pineda* en Montevideo. Si hubieses podido verlo, amigo... Fue delirante. El teatro se venía abajo de aplausos. Pero mientras en tu país nadie te reivindicaba, los dos hicimos en Buenos Aires, en el Teatro Avenida, un 8 de marzo, el estreno de *La casa de Bernarda Alba*. Tu público argentino, y parte del español que vivía allí, lloraba de emoción. Si lo último que hiciste fue crear a Bernarda, amigo mío, de cuántas maravillas nos privó tu muerte.

Federico solo pudo estrecharlo, pasando su brazo por encima del hombro, casi fundiéndose en el uniforme azul de su compañero, con total conciencia de todo lo que representaba y significaba.

—Adoro este mono que me convierte en un obrero del teatro para las masas campesinas, frente a ese teatro en decadencia, lejano al pueblo, por una burguesía que lo mató y luego lo abandonó —remarcó Federico—. Para mí era importante sentirme parte, sin primeras ni segundas figuras ni divos, donde todos arrimábamos el hombro según lo que pudiera cada uno... bastidores, efectos de luz o conducir. Creo que nunca os di las gracias suficientes por sumar para crear esa democrática y cordial camaradería que nos echó carretera adelante.

—No nos dejaron despedirnos de ti y agradecerte tanto que hiciste por nosotros, Federico. En cierta manera, no sabíamos si nos veías desde el más allá. Cuando estábamos ensayando en la Ciudad Universitaria y nos dijeron que te habían matado, nos derrumbamos, nos abrazamos y lloramos como críos desolados. Pero al día siguiente, para honrar tu recuerdo, seguimos ensayando. La vida es memoria que pasa como testigo de unos a otros. Y esa era, desde entonces, nuestra labor. Nombrarte, nombrarte y nombrarte. Recordarte, recordarte y recordarte. Porque, al hacerlo, te dábamos voz.

Quien verbalizó aquel recuerdo fue María del Carmen García Antón, una de las actrices, a la que Federico recordaba cuando con diecisiete años llegó a la compañía y le hizo las pruebas de selección, como cantar una canción popular, bailar y leer.

—¿Sabes por qué te elegí? —le preguntó él, mientras se dirigía a abrazarla. Ella le devolvió un gesto de intriga—. Porque te pedí leer un poema y escogiste a Bécquer.

La joven apenas pudo sostener unas lágrimas de emoción, porque solo ella sabía lo que luego había vivido, cuando huyó de las bombas de la guerra hasta Francia, donde fue internada en un campo de concentración del que escapó, para luego huir a Argentina.

—Quisimos abrir otro camino a pesar de que sabíamos que nuestro teatro estaba siendo reflejo de un país a la deriva, donde lo comercial lo desbarató todo, con empresarios que cerraban obras con una pobreza espiritual desconsoladora, con la excusa de que lo que aportábamos era peligroso… para sus intereses, claro —sostuvo Ugarte, rotundo.

—Y mira, luego, pegábamos a sus puertas y la gente no se quería perder este espectáculo, entre la gente del campo, que nos mostró más cordialidad y comprensión que en la capitales.

—Lo sabían, ellos sabían que teníamos al pueblo, y por eso las críticas siniestras de una derecha que solo veía en la cultura una amenaza y un instrumento de propaganda —dijo Ugarte.

Y es que era imposible olvidar la cantidad de incidencias vividas: la iglesia de Soria que no toleró el auto de Calderón, cómo reventó la función un grupo de ultraderechistas, o aquellas críticas de Falange o de la ultraderecha que decían «García *Loca* o cualquiera se equivoca», donde tildaban a La Barraca de «pandilla de sodomitas que daban vergüenza y asco». O falsedades como que, con dinero del Estado, se pervertía a la gente del campo con «costumbres corrompidas» y propias «de un marxismo judío».

—Lo mismo de siempre, lo que no cambiaba nunca en esta España. Y a eso súmale ser mujer, que llevábamos a doña Pilar para que a las actrices no se nos considerase unas rameras —puntualizó María del Carmen—. Siempre nos tacharon de provocadoras.

—Ni era política ni provocación. Era teatro, nada más que teatro. Solo que no eran capaces de verlo. El impulso de uno era gritar todos los días al despertar en un mundo lleno de injusticias y miserias de todo orden. ¡Protesto! ¡Protesto! ¡Protesto! —remarcó Federico, mientras expulsaba con fuerza una nueva bocanada de humo de su cigarro.

No era consciente de que aquella exhalación le haría extender una capa tan densa de humo blanco que cubriría la vista que tenía del resto de sus compañeros. Se apresuró a agitar las manos al aire, para retirar aquella humareda que le impedía distinguirlos. Hasta que, cuando lo consiguió, ya nadie estaba con él. Federico se encontraba completamente solo, de nuevo, pero ahora, entre el paraje había aumentado la niebla y, a la lejanía, contemplaba un edificio que reconoció de inmediato. Se hallaba frente a una Universidad Internacional de Santander a oscuras, en mitad de la noche. Recordaba a la perfección aquel lugar, cuando llegó desde Madrid con fatídicas noticias sobre un amigo. Parecía que la memoria había agitado aquellos recuerdos y sus ojos se clavaron en una sombra blanquecina que se acercaba. Su amigo Ignacio Sánchez Mejías, el mismo al que había llorado tras confirmar su muerte por asta de toro en uno de los despachos de aquella universidad, estaba ahora con él. Todas las vivencias compartidas aparecieron como una ráfaga en su mente. Porque Ignacio Sánchez Mejías era más que un torero. También había sido un hombre de cultura inquieta, amigo de la generación del 27, organizador del acto del tercer centenario de la muerte de Góngora que reunió en el Ateneo de Sevilla a García Lorca, Alberti, Guillén o Bergamín. Se acercó, se miraron y se fundieron en un abrazo.

—Dicen que me escribiste una elegía. La más bonita que nadie hizo a un amigo.

Federico le miró emocionado.

—Sabes bien cuál es.

El torero negó tajante con la cabeza.

—Quisieron leerla ante mí, pero nunca lo permití, porque siempre supe que algún día nos volveríamos a ver. Y entonces, como hoy, pediría que solo la leyeras tú.

Un nudo de emoción se entrelazó en la garganta de Federico, quien, sabiendo de la nobleza de su amigo, estaba convencido de que no le mentía. Aquel gesto le conmovía el corazón profundamente. Hizo una pausa para relajar aquella impresión y, cuando asumió la brevedad del tiempo y la oportunidad, empezó a recitar.

A las cinco de la tarde.
Eran las cinco en punto de la tarde.
Un niño trajo la blanca sábana
a las cinco de la tarde.
Una espuerta de cal ya prevenida
a las cinco de la tarde.
Lo demás era muerte y sólo muerte
a las cinco de la tarde.

El viento se llevó los algodones
a las cinco de la tarde.
Y el óxido sembró cristal y níquel
a las cinco de la tarde.
Ya luchan la paloma y el leopardo
a las cinco de la tarde.
Y un muslo con un asta desolada
a las cinco de la tarde.
Comenzaron los sones del bordón
a las cinco de la tarde.
Las campanas de arsénico y el humo
a las cinco de la tarde.
En las esquinas grupos de silencio
a las cinco de la tarde.
¡Y el toro solo corazón arriba!
a las cinco de la tarde.

Cuando el sudor de nieve fue llegando
a las cinco de la tarde,
cuando la plaza se cubrió de yodo
a las cinco de la tarde,
la muerte puso huevos en la herida
a las cinco de la tarde.
A las cinco de la tarde.
A las cinco en punto de la tarde.

Un ataúd con ruedas es la cama
a las cinco de la tarde.
Huesos y flautas suenan en su oído
a las cinco de la tarde.
El toro ya mugía por su frente
a las cinco de la tarde.
El cuarto se irisaba de agonía
a las cinco de la tarde.
A lo lejos ya viene la gangrena
a las cinco de la tarde.
Trompa de lirio por las verdes ingles
a las cinco de la tarde.
Las heridas quemaban como soles
a las cinco de la tarde,
y el gentío rompía las ventanas
a las cinco de la tarde.
A las cinco de la tarde.
¡Ay qué terribles cinco de la tarde!
¡Eran las cinco en todos los relojes!
¡Eran las cinco en sombra de la tarde!

Para entonces, las lágrimas recorrían ya el rostro de Ignacio.

—No quiero llorar. No porque piense que soy débil, sino porque las lágrimas desvanecen mi persona y no quisiera marcharme —sostuvo, mientras su cuerpo se disipaba ante él—. Gracias, amigo. Por tus palabras hacia mí. Y por esa dedicatoria...

Aquella voz que se apagaba, al final, retumbó como un eco lejano ante un Ignacio ya ausente y evaporado. Pero Federico sabía a qué se refería. Y es que antes de aquel poema, Federico había escrito: «A mi querida amiga, Encarnación López Júlvez».

—¿Ya se fue, verdad? —preguntó la voz de una mujer a sus espaldas.

Federico se giró con el convencimiento de que era ella.

—Mi Encarnación, mi Argentinita... Amiga mía.

Tras un abrazo, la joven lo miró en silencio con cierta travesura. Y sacó de su espalda, por sorpresa, unas castañuelas para hacerlas sonar mientras él se sumaba a tocar las palmas, a falta de un piano, y cantaban bajito *Anda Jaleo*. Porque cuando él estaba en Nueva York, ella fue quien le propuso grabar juntos discos con canciones populares, que fueron todo un éxito. Se conocían de antes, del estreno de *El maleficio de la mariposa*, donde ella interpretaba entre bailes al insecto. Y luego, compartieron tardes de piano, cante y recuerdos de Granada en la propia Residencia, donde hasta la cocinera y los pinches acudían a la sala del piano para escucharlos y encandilarse con sus voces. Aquel día, Federico incluso escribió a sus padres sobre aquel éxito, cuando la gente se pegaba por entrar y la Residencia se quedaba pequeña.

Pero, por encima de todo, Nueva York fue un punto de emotividad diferente y especial por dos motivos. Uno, que ella había viajado junto con Ignacio Sánchez Mejías hasta la ciudad norteamericana para encontrarse con García Lorca en la Universidad de Columbia. Y dos, que ella era la amante del torero, mostrada ante pocos, aunque las voces ya se ocuparon de pregonarlo. La mujer y los hijos de Sánchez Mejías vivían en Sevilla, mientras Argentinita e Ignacio mantenían su relación en secreto en Madrid. Pero el día en que Ignacio fue atravesado por aquel toro en la corrida, ella no pudo saber nada de él. No se le permitió el paso en el sanatorio de toreros de la capital, donde se la recuerda como un fantasma blanco que deambulaba por las afueras del recinto a la espera de noticias. Encarnación sabía, en esa mezcla de energías entre los dos, que él pensaba en todo aquello, y conforme se le devolvían esos recuerdos, fue ralentizando el ritmo de sus castañuelas hasta que los dos pararon y se miraron, en silencio.

—Gracias por dedicarme el poema, Federico.

—Si yo estaba partido en dos por la muerte de un amigo, no quise imaginarme tú, con el corazón entregado pero ausente.

—Tú bien sabes lo que es ocultar el amor. Quizás, si no me hubiese dejado arrastrar por lo que sentía, habría podido saber de él. Pero viví la condena de las amantes y de los amores secretos, cargados de una ilusión que nunca se cumple. Las mujeres, en nombre de un amor que ya no sé si fue real, hemos pasado siglos a la sombra cuando no somos las principales. Hemos pasado la vida al lado de hombres, esperando ser en algún momento una prioridad, cuando nunca ocurría. Y el día en que Ignacio murió me pregunté para qué. Para qué tanto amor y cuidado si no pude ni despedirme ni saber de él. Todo lo hice oculta y en soledad. Lo amé oculta y en soledad. Me despedí de él oculta y en soledad, sin poder ir a su entierro. Y lo lloré oculta y en soledad, por más de diez años de amor y espera por mi parte. Hasta que tú pusiste ahí mi nombre. Ante los ojos de todo quien me negó.

—¿Nunca has vuelto a verlo aquí? ¿A hablar con él?

—Me evita. Porque, supongo, ya no hay nada que hablar. Y quizás, es mejor así.

Pero la vida sin Ignacio siguió para ella. La Argentinita le contó que tras la guerra deambuló por varios países hasta llegar a Estados Unidos, donde fue una de las grandes y obtuvo considerables reconocimientos.

—Me alegra que tu vida fuera aplaudida, amiga. Que, al menos, en ese corazón generoso y huérfano, sintieras el calor de toda la gente que te admirábamos.

—Querer sin tener la libertad de hacerlo, amigo, es una condena. Bien lo sabes.

Federico fue a abrazar a su amiga, en penumbra, en mitad de aquel campo de noche. Cerró los ojos cuando la tuvo entre sus brazos, sin usar palabras para despedirse de ella. Poco a poco sintió cómo el cuerpo de Encarna se esfumaba hasta que Federico acabó con sus manos sobre su propio pecho. Suspiró profundamente ante la pérdida de su amiga y, cuando levantó la mirada hacia delante, distinguió otro espectro blanquecino a lo lejos. Pensó que, con todo ello, este lugar debía de ser un reposo de almas vagantes. El miedo tendría que haberlo bloqueado, pero, en cambio, solo sentía que aquel cuerpo que se le aproximaba le trasladaba una sensación de bienestar. La luna roja de Novia había sido sustituida por una blanca, cuya luz se desvanecía sobre aquella sombra. Su corazón comenzó a acelerarse a medida que la silueta se hacía corpórea e identificable. Y un nudo en la garganta se le atravesó tanto que, incluso, ya delante de él, no podía pronunciar palabra. La presencia de Rafael Rodríguez Rapún, una de las personas a las que más había amado y por la que más había sufrido, estaba allí.

—Hola, Federico.

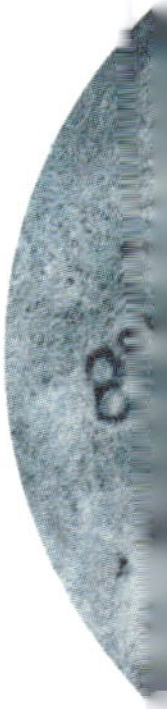

No sabía cómo, pero sentía que la propia lengua se le había anudado muy dentro y no podía articular palabra. Respiró en profundidad, intentando arañar una bocanada de aire para el aliento que le faltaba, y rompió.

—Dicen que las almas aparecen y coinciden solo cuando las dos partes quieren. Quizás mi mente negaba a mi corazón y solo me obligaba a pensar que no quería verte.

La confesión de Federico arrancó una sonrisa a Rapún. La misma que al poeta le evocaba la que sostenía Rafael en su rostro cuando lo vio por primera vez, cuando era el secretario de La Barraca. Aquel día en que, al leer su hombre y en sus juegos de letras mentales, le dijo que lo apodaría como «las tres erres»: Rafael Rodríguez Rapún. Antes de responderle, se detuvo en aquellos detalles que siempre le cautivaron: aquel perfil casi griego y aquel mar de rizos de su cabello.

—María León me dijo que marchaste al frente, en Cantabria, tras mi muerte.

Rapún respondió rápido:

—No fue tras tu muerte, como una casualidad del tiempo; fue tras saber yo mismo tu muerte. Ese fue el motivo.

—Pero tú ya me habías olvidado. —Federico hizo una pausa, con su corazón acelerado y repleto de ansia por su respuesta.

—Quizás no fue casualidad que me marchase el mismo día que tú, un año después. Nunca se puede olvidar a una persona como tú, con la que pasé tantos meses y todas las horas del día. Máxime si hacia esa persona se siente uno atraído tan poderosamente como yo hacia ti. ¿Me odiaste, Federico?

Rapún reconocía para sí cómo hasta los oídos de Federico llegaron los rumores y comentarios de sus relaciones con mujeres, que fueron un puñal para el poeta. Pero ahora, Federico no había podido evitar una leve sonrisa cuando escuchó aquella confidencia que, por dentro, era como un manantial que regaba su alma. La pregunta final le devolvió ráfagas rápidas de recuerdos con sentimientos contradictorios y agridulces, entre el amor más pasional y el más doloroso. Como aquel lamento que le partió en dos cuando Rapún no asistió al estreno de *Yerma*. Con su ausencia, tampoco él quiso asistir y, en la misma mesa de su habitación, sobre papel con membrete del Hotel Victoria, en Valencia, escribió los diez primeros borradores de los *Sonetos del amor oscuro*. Ahora no sabía qué decirle y, en cambio, se percató de que ya estaba ahí todo dicho.

Cerró los ojos, rebuscó en su interior y expulsó por su boca aquellos versos que solo a él pertenecían:

Quiero llorar mi pena y te lo digo
para que tú me quieras y me llores
en un anochecer de ruiseñores
con un puñal, con besos y contigo.

Así mi corazón de noche y día,
preso en la cárcel del amor oscura,
llora sin verte su melancolía.

Tú nunca entenderás lo que te quiero
porque duermes en mí y estás dormido.
Yo te oculto llorando, perseguido
por una voz de penetrante acero.

Su añoranza por un regreso, el tormento por su ausencia, la humillación por sentirse rechazado, la resignación de lo imposible. Federico, que había recitado aquellos versos con los ojos cerrados, como cuando tuvo el impulso de escribirlos, identificaba a través del sonido unos aplausos delicados. Abrió los ojos. Rafael ya no estaba pero, en su lugar, caminaba hacia él para pedirle un abrazo, su amiga del alma.

—¡Xirgu! ¿Tú? ¿Te has cruzado con él, con Rapún? No te puedes creer qué viaje estoy haciendo. Llevo unas horas donde te veo a ti, a Rafael, a Ignacio, a mi Barraca... ¡Lo que siempre quise! ¡Estar con vosotros!

Ella le dispuso el flequillo hacia atrás, que se le había movido con el ímpetu del abrazo que se dieron, y lo miró con compasión y pena.

—¡Quién nos iba a decir la última vez que nos vimos!

—Y me dijiste que me fuera contigo a México.

—Si llego a saber este final para ti, ese día no te hubiese dejado marchar. Y mira que se lo dije a Cripriano Rivas, que se venía con nosotros.

Pero tú, siempre tan tú, pensando en tu familia, en el amor. Siempre tú, pensando más en los demás que en ti.

Federico bajó la mirada, con aquel recuerdo permanente que no le había abandonado.

—¿Qué hubiese sido de nosotros en México, Xirgu?

—Eso no lo sabemos. La única certeza, de haberlo conseguido, es que tú no estarías en una fosa sin nombre y yo no habría muerto olvidada en Montevideo.

Aquellas palabras, tan repletas de realidad, estremecieron al poeta, que prefirió un escape de alivio.

—Pero da igual. Creemos la fantasía como resistencia. ¡Pensemos a lo grande! ¿Qué hubiésemos hecho? Yo acababa de terminar *Bernarda Alba*, pero tenía en mi mente muchas más obras y más personajes cuyos corazones se pararon con el mío. *Los sueños de mi prima Aurelia*, y hadas, y leñadores…, pequeñas estrellas nacientes que nunca llegaron a brillar.

La Xirgu hizo una pausa, porque justo él había nombrado una obra que le atravesó de recuerdos.

—¿Sabes, amigo? Estrené *La casa de Bernarda Alba* en Buenos Aires, en 1945, en el Teatro Avenida. Una obra tan lúgubre como la España que sabías que vendría. Lloré aquel día. No sabes cómo lloré. Pensaba y pensaba sin cesar cómo me hubieses dirigido. Y, a veces, creo que te me apareciste en sueños para guiarme. Y aquel día, cuando en tu país estabas prohibido, al otro lado del océano estaba yo en un pequeño camerino volviendo a recordar tu nombre pero esperando a que aparecieras antes de la función a darme alguna indicación. Porque yo no quería creer que no vivías. Solo pensarlo era demasiado cruel. Me aferraba a la ilusión de que estabas vivo porque, si algo me enseñaste, es que se vive en la esperanza. Y allí estaba yo. Sentada, frente al espejo de mi camerino. Y me volvía esperando que abrieses aquella puerta y me gritaras como siempre: «¡Aquí estoy, Margarita!». Y cuando la función acabó y el teatro se caía en pie de aplausos, me escondí entre bambalinas y te eché terriblemente de menos. Salí después de nuevo, y grité ante el público que te aplaudía qué maldita era la guerra. Y luego regresé a mi camerino. Y sola, terriblemente sola, lloré más. No estaba mi director. No estaba mi amigo Federico, con su sonrisa blanca y su luz, con un ramo de flores para decirme cosas bonitas y brindar por el estreno con vino. Me da rabia todo. Que te mataran, y con ello mataran tus obras. Que me robaran tu sonrisa. Que me robaran a mi amigo para siempre.

Con rapidez, Federico se retiró las lágrimas que tenía en sus ojos, haciendo un mohín con los labios que mostraban su necesidad de negar aquella verdad que le sacudía por dentro y en la que no quería reparar.

—Una de las cosas más bonitas hubiese sido vernos envejecer juntos en las tablas de un teatro, con nuestros personajes envejeciendo también —esbozó, con una sonrisa tibia y retirando sus últimas lágrimas—. Pero recordemos cosas felices, que las hemos tenido. Que yo solo hubiese sido un hombre vagabundo y entristecido sin el destino y la fortuna de verte aquel 13 de marzo de 1915 en el Teatro Cervantes de Granada, donde protagonizabas *Elektra*, de Eurípides.

—Yo, con veintisiete años. Y tú, un chavalillo de diecisiete, con su profesor al lado. Y me mandaste, sin que nunca llegara a su destino, tu *Mariana Pineda*...Hasta que me lo dijiste en el Hotel Ritz de Madrid.

—Tú, desde entonces, la encrucijada de todas mis heroínas.

Tras esa frase, Xirgu se levantó y le hizo una pequeña interpretación de Mariana Pineda, de Zapatera, de Yerma, de Doña Rosita... Ahora, ante un amigo director que ya no la dirigía, sino que la miraba y la escuchaba con raudales de emoción. En cuanto terminó, Federico aplaudió de forma acelerada y le devolvió una mirada de orgullo que, entre la mezcla de sus recuerdos, iba más allá de sus interpretaciones.

—¿Qué otro destino podríamos haber tenido? ¡Si yo nunca me callé! ¡Si tú nunca te callaste!

Y, sin hablar nada más, ella sabía a lo que García Lorca se refería. Cuando hacían actos solidarios; cuando se negaron a ir a la Italia de Mussolini en protesta por la invasión de Abisinia por las tropas fascistas; o cuando con una de las obras recaudaron fondos para los presos por la

Revolución de Asturias. Y aquel recital en 1935 para los ateneos obreros de Cataluña en el Teatro Barcelona...

—¿Te acuerdas de toda una Rambla de Cataluña repleta de público que oía el acto por altavoces, en una retransmisión de radio? —rememoró ella, con nostalgia—. No puedo olvidar tu cara impresionada, con un nudo en la garganta cuando tenías que hablar. Y cómo la gente se puso en pie cuando leíste el romance de la Guardia Civil, gritando «¡Viva el poeta del pueblo!».

—Y luego estuve dando la mano más de una hora y media a señoras, mecánicos, niños, estudiantes, menestrales... Y fui corriendo a escribir a mamá que era el acto más hermoso que había tenido en mi vida y que ojalá hubieran podido ver aquello para estar orgullosos de mí —Federico hizo una pausa y su rostro emocionado se volvió serio—. Y recuerdo que también dije en aquella carta que las derechas tomarían todas estas cosas para seguir en su campaña contra mí y contra ti. Pero no nos importaba. Y les dije: «Es casi conveniente que lo hagan, y que sepan de una vez los campos que pisamos. Desde luego, hoy en España no se puede ser neutral».

Margarita le sonrió, orgullosa solo de escucharlo.

—Te veo ahora, en este mundo de muertos, y aún no puedo creerme que tú estés aquí porque aún no te dejen descansar. No puedo creerme que llegaras hasta aquí porque te mataran y te perdieras tantas preciosidades de la vida. Te toco ahora y te vuelvo a escuchar y a sentir y a ver llorar y reír, y no cabe en mi imaginación que se atrevieran a dar esa orden de matar a Federico García Lorca... ¿Por qué? Si era una criatura maravillosa que no hacía daño a nadie y que nos convertía la vida en una cosa de magia... Tú, amigo, que nos embriagabas como el vino y de quien siempre queríamos más. ¡Queríamos emborracharnos de ti! ¿Quién pudo haberse atrevido a disponer tu muerte? ¿Y por qué y para qué...? —Xirgu hizo una pausa para devolverse otro recuerdo—. En el estreno en Buenos Aires, cuando todo el mundo me aplaudía, dije:

> Estos aplausos de hoy no han de ser para mí, sino para él, que era una criatura genial. Vosotros que le estimabais, si de verdad queréis recordarlo,

hablad de su obra a vuestros hijos, habladles de la vida del poeta. Pasaremos nosotros, pasaré yo, pero la obra del poeta quedará para vosotros, para vuestros hijos, para la inmortalidad.

Y así debe ser. Aunque te mataran, aunque quieran perseguirte aquí incluso sombras negras, siempre serás inmortal. No te olvides nunca de eso. No lo dudes.

Federico, conmovido, retiró otras lágrimas que se deslizaban por su rostro. De pronto, sintió el fogonazo de unas luces blancas sobre su rostro. Lo iluminaban de forma intermitente, emitiendo una señal. Era el camión de La Barraca. Había vuelto y debían partir. La Xirgu lo acompañó agarrada de su brazo cómo él solo hacía, como si se atara al cuerpo de su acompañante. Y juntos, sin palabras y con la fuerza de apretar sus cuerpos sin querer separarse, llegaron hasta la parte trasera del camión, cubierto con una lona espesa bajo la que todo estaba bastante oscuro. La Xirgu lo despidió con un beso en la frente y esperó a que Federico levantase aquella tela para verlo partir y avanzar en su camino. Desde arriba, él, en silencio, se llevó la mano a los labios y le lanzó un beso hasta dejar caer la lona para cerrar el camión. Pero justo cuando ya había desaparecido, se giró, volvió a levantar aquella cubierta, se asomó y, ante una conmovida Xirgu, que aún permanecía en pie ante él, recordó la despedida de su último encuentro.

Si me voy, te quiero más,
si me quedo igual te quiero.
Tu corazón es mi casa
y mi corazón tu huerto.
Yo tengo cuatro palomas
cuatro palomitas tengo.
Mi corazón es tu casa.
¡Y tu corazón mi huerto!

Al coche de La Barraca
nunca le falta una pena.
Ya se le rompe el cristal,
ya se le funde una biela.

Federico se despertó sobresaltado, buscando la voz que había sentido con aquellos versos, la de su compañera Mari Carmen García Lasgoity. Ella había representado a la Tierra en *La vida es sueño*, donde él interpretaba a la Sombra. Como el camión de La Barraca era conocido también por sus incidencias, se creó aquella cancioncilla popular entre el grupo de teatro. Federico desperezó su rostro, frotando sobre él sus manos, estiró los brazos y se puso de pie. No había sido consciente de cuánto tiempo había dormido desde que se despidió de la Xirgu, mientras *La bella Aurelia* había arrancado hacia un destino indefinido. A pesar de la oscuridad, aprovechó los rayos de luna que se colaban por los huecos de aquella lona rajada para revisar todo lo que le acompañaba en aquel remolque, por si, entre aquellos trastos, estaba escondida la propia Mari Carmen u otra persona, pero no había nadie. O quizás sí, reparó. Quizás aquellos elementos cubiertos en su mayoría por telas, en aquella madrugada, desvelaban ecos y presencias de quienes un día los poseyeron con vida. Intentando mantener el equilibrio dentro del camión en marcha, Federico dio unos pasos hacia un pliego enrollado que había en una esquina. Cuando lo desplegó, sonrió con nostalgia. Pertenecía a su amigo Benjamín Palencia, quien diseñó aquel mítico cartel de La Barraca que ahora estaba ante él. Aquella Barraca que él mismo, en aquellas ilusiones majestuosas, dijo que llegaría hasta París, América o Japón. Se detuvo en las máscaras de la risa y el llanto dibujadas, junto con la rueda que simbolizaba el destino ambulante de la compañía. Lo que habría dado por hablar con él en este viaje. Desenrolló un poco más aquel cartel, cuando vio que un trozo de papel que se encontraba dentro caía al suelo. Se agachó para cogerlo, lo abrió y leyó su propia letra:

> Atravieso una de las crisis más fuertes que he tenido. Mi obra literaria y mi obra sentimental se me vienen al suelo. No creo en nadie. No me gusta nadie. Sueño un amanecer constante, frío como un nardo, lleno de olores fríos y sentimientos justos. Una ternura exacta y una luz inteligente y dura.

Era una carta que Federico había escrito a su amigo Benjamín cuando el dolor de su corazón estaba atravesado por Dalí y por la decepción de Emilio Aladrén. Quizás la caída de ese papel no era casual, sino la manera en la que Benjamín quería manifestar su presencia y recordar que siempre estuvo para él. Quizás Benjamín había sido uno de esos pétalos caídos de la rosa negra sobre los que Conjuradora le advirtió. Uno de aquellos que no había sido capaz de alcanzar el tiempo de vida suficiente para encontrarse. Federico se giró, guardó aquella carta en su corazón y decidió retirar una de las telas más grandes que cubría lo que le parecía un mural. Le costó trabajo retirar aquel trapo que, con su peso, parecía no querer desvelar el pasado que atesoraba. Cuando lo logró, por fin, su corazón se encogió. Era el decorado de Benjamín Palencia para *La vida es sueño*, y justo aquella escena nocturna que representaba una danza de estrellas y planetas. Ante aquel mural y ante el público, Federico salió cubierto de negro para interpretar uno de los personajes de la obra de Calderón.

Un bache del camino provocó que Federico casi cayera al suelo, si no llega a ser porque se agarró a un poste cubierto; varios elementos que había dentro del camión se movieron, entre ellos, casi rodando, salió un bulto que no identificaba bien. Cuando fue a por él, sintió que aquello era otra señal y decidió cubrirse con ello. Sobre su cabeza alzó su sombrero de dos medias lunas y dejo caer, ante su mirada, el tul negro con el que todo el mundo identificó que García Lorca interpretaba a la Sombra en *La*

vida es sueño. Sintió como si reviviera aquel día, con el corazón encogido y su alma repleta. Ahora, tanto tiempo después, aquel sombrero y aquel tul se ajustaban de nuevo a su rostro, delante del mismo mural de aquellos decorados. Y, por si su amigo Benjamín lo estaba mirando desde el más allá, deslizó sus manos y su cuerpo, casi flotando, sin alma, y representó la escena. En aquella danza entre estrellas, planetas figurados y el tiempo. Y su memoria le trajo aquellos versos de Segismundo.

¿Qué es la vida? Un frenesí.
¿Qué es la vida? Una ilusión,
una sombra, una ficción,
y el mayor bien es pequeño;
que toda la vida es sueño,
y los sueños, sueños son.

Sus labios se aferraron a aquellas últimas letras que escaparon de su boca. Y se preguntó cuánto había de vida aún en su muerte y cuánto de sueño en aquel viaje. Pensó que, quizás, toda su vida maravillosa podía haber sido un sueño, con una pesadilla final de la que aún no había despertado. Y quizás no estuviera muerto. Y que este recorrido fuese solo un paso más hacia un despertar donde los suyos lo esperaran con los brazos abiertos.

Otro bache aún mayor de la carretera hizo que Federico cayera al suelo junto con los demás bultos del camión, que frenó en seco. «Los accidentes de *La bella Aurelia*», maldijo, mientras hacía por retirarse hojas y telas que le habían caído encima, y se ponía en pie. Se detuvo unos segundos en silencio, por si escuchaba la voz de algunos de sus compañeros de La Barraca, pero nadie hablaba. Solo presentía el sonido extraño de un céfiro que se colaba por las rendijas de la lona que cubría el furgón y hacía el ademán de levantarla. Se dispuso a salir, para ver qué ocurría. Cuando retiró la lona que cerraba el camión, se paralizó ante el nuevo paisaje. Frotó sus ojos para asegurarse. Y confirmó que estaba ante lo nunca visto.

Ante él se desplegaba un prado de nubes que se perdían en el horizonte, cubiertas por una cúpula de brillantes estrellas que lo iluminaban en un nuevo espacio repleto de quietud. Desde dentro del camión la única opción de seguir el viaje era saltar a esa nueva dimensión que se abría a sus pies. Comprobó que las nubes que tenía delante estaban vivas y se desplazaban de forma muy lenta. Y, entre los huecos que dejaban divisó el resto del mundo. Se palpó la espalda, por si se había convertido en un ángel y le habían nacido alas, pero no. No sabía interpretar qué sucedía, salvo que tenía que saltar de aquel camión, despedirse de su Barraca y seguir el viaje. Fue entonces cuando, a unos metros, observó una figura que se desplazaba en una de esas nubes. Y pronto lo identificó.

—¡Profesor Antonio! ¡Profesor Antonio! —gritó.

Antonio Segura Mesa, quien fue en Granada su primer maestro de música, reconoció su voz.

—¡Federico! ¡Qué gran poeta ganamos pero qué gran músico perdimos! —le gritó, mientras lo saludaba.

—No se lo tome a mal, profesor. En lugar de escribir notas musicales, hice música con las letras —confesó, con una sonrisa tímida—. ¿Está usted bien?

—¡No me ves! ¡Mejor que nunca! ¡Flotando!

Federico soltó una carcajada ante la ocurrencia del anciano.

—¿Dónde estoy?

—Cuando nos aburrimos venimos aquí, a que las nubes nos lleven donde ellas quieran, y a veces nos traen a otros amigos. ¡Es divertido! ¡No tengas miedo! ¡Salta!

Federico se asomó al borde del camión y obedeció, aún con temor. Dio un brinco esperando ser retenido por la nube, pero sintió que había sido un salto al vacío absoluto. Su cuerpo traspasó la nube y se hundió en ella. Dejó de ver al maestro y a las estrellas, y ante él solo había un tupido blanco grisáceo por el que descendía, hasta que de pronto notó cómo una presión lo alzaba de nuevo hacia aquel espacio en el que permanecía su maestro.

—¡Pensaba que me caía a la tierra desde estas alturas y me mataba!

—¡Si ya estás muerto, Federico!

—Usted siempre llevaba la razón, maestro —sostuvo, con una risa nerviosa, por el susto recién vivido.

—Ojalá tengas suerte y elijas la nube adecuada para ir donde tus anhelos marquen. Y un aviso: el viaje termina cuando la nube desaparezca. No intentes nunca saltar de ella.

—¿Por qué?

—¡No preguntes más! ¿Te das cuenta? Dije la verdad aquel día que te advertí: «Que no haya alcanzado las nubes no quiere decir que las nubes no existan». ¡Y existían, Federico! ¡Existían! ¡Buen viaje!

Aquella frase devolvió el corazón de Federico a su Granada y resonó ya como un eco muy lejano, pues la nube había empezado a desplazar al poeta y a separarlo de su maestro, de quien se despedía con la mano en alto y con una sonrisa, dispuesto ahora a este nuevo viaje desconocido. Durante unos minutos, su nube avanzó despacio hasta que empezó a abrirse paso a mayor velocidad entre las restantes. En aquel traslado vertiginoso identificaba otras sombras blancas sobre esas nubes. Almas como la suya que eran desplazadas hacia otros destinos. Poco a poco, su nube se alejaba de las restantes. Y mientras se apartaba, podía observar con más claridad el mundo desde arriba. De golpe, la nube descendió varios metros hasta tener enfrente la bóveda azul mezclada con los tonos de una aurora peculiar. Ahora, a vista de pájaro, reconocía la silueta de una tierra que le provocó escalofríos de añoranza. Y, como poeta, solo pudo recitar cuando la vio de nuevo, después de tantos años.

La aurora de Nueva York tiene
cuatro columnas de cieno
y un huracán de negras palomas
que chapotean las aguas podridas.

La aurora de Nueva York gime
por las inmensas escaleras
buscando entre las aristas
nardos de angustia dibujada.

La aurora llega y nadie la recibe en su boca
porque allí no hay mañana ni esperanza posible.
A veces las monedas en enjambres furiosos
taladran y devoran abandonados niños.

Los primeros que salen comprenden con sus huesos
que no habrá paraíso ni amores deshojados;
saben que van al cieno de números y leyes,
a los juegos sin arte, a sudores sin fruto.

La luz es sepultada por cadenas y ruidos
en impúdico reto de ciencia sin raíces.
Por los barrios hay gentes que vacilan insomnes
como recién salidas de un naufragio de sangre.

Aquellos versos salieron del poeta en Nueva York que seguía teniendo dentro, sin poder impedirlo, como una auténtica explosión. Y, mientras destilaba con pausa cada línea, contemplaba desde las alturas los perfiles únicos de aquella ciudad americana ahora al alba, que en 1929 lo acogió con sus heridas y grietas en el corazón, con su dolor de las ausencias y decepciones, con su depresión y su necesidad de huida, con el intento del olvido de un Dalí ya lejano y de un Emilio Aladrén que le había resquebrajado el alma. Un Federico casi en cenizas se encontró con una ciudad que era reflejo y mezcla de lo que sentía: tragedia y dolor, surrealismo y realidad, verdad y mentira, injusticia y discriminación, deshumanización y alienación ante los avances, y la búsqueda de una esperanza donde renacer.

Absorto entre pensamientos contradictorios y una emoción cautiva, vio en una nube a Fernando de los Ríos. De él fue la idea de que lo acompañara, y a él le debía su *Poeta en Nueva York* y aquel nuevo Federico que surgió, pero también, como ministro de la República, fue el germen de La Barraca. Gran parte de su existencia se la debía a él, en conjunto. Era extraño, pero cuando abrió la boca para hablar con De los Ríos, parecía mudo. Por más que vocalizaba y gritaba para decir en alto el nombre de Fernando, ningún sonido salía de su garganta. Fue entonces cuando, sin saber bien cómo, sobre la sombra de su compañero y amigo, Federico comenzó a ver imágenes sobreimpresionadas, en volutas de humo que se originaban y se desmenuzaban de forma fugaz y atropellada, que identificó como pertenecientes a la vida de su querido amigo: lo vio llorar su muerte cuando la guerra lo sorprendió en Ginebra, lo vio marchar a París, cuando se trasladó a Nueva York, cuando abrazó a su madre Vicenta, a su padre Federico y a toda su familia cuando llegaron a la ciudad norteamericana tras haber huido de España. Y después de aquellas imágenes destiladas, de nuevo la sombra de Fernando de los Ríos se hizo más poderosa y le escuchó decir:

—Nunca imaginé que Nueva York pudiera significar tanto en nuestras vidas.

—¿Toda la familia vinisteis aquí? —preguntó un Federico aturdido por aquellas visiones, cuyo sonido ya podía ser escuchado.

—Aquí tenías que haber regresado tú. Nueva York te salvó en 1929 y debía haberte salvado en 1936. Te prometo que ni un día de mi vida dejé de pensar en ti en esta ciudad. Porque, quizás, tú pagaste el que no me pudieran fusilar en España. Yo no debería haber vivido.

—Entonces… —Federico sostuvo el silencio unos instantes y volvió a pensar en su familia, lo único que le importaba—. ¿Paco, Concha, mamá, papá… están aquí? ¿Puedo verlos aquí? ¿En Nueva York?

Su pulso se aceleró por la pregunta, por el ansia de conocer la respuesta, por la angustia de la incertidumbre y porque tras aquella

demanda vio que la figura de Fernando de los Ríos se alejaba y se alejaba y se hacía cada vez más pequeña en aquel paisaje de nubes, mientras él descendía a pocos metros del suelo. Federico lo perdió de vista y sus ojos, de los que retiraba unas lágrimas que los habían humedecido, solo pudieron centrarse en el recorrido al que ahora era trasladado por aquella nube. Sobrevoló el norte de Manhattan y parte del río Hudson, hasta alcanzar un cementerio cubierto por más nubes y sombras imposibles de identificar. Federico sintió frío. Era un entorno turbio y enigmático. Se dejó arrastrar unos metros más por la nube y alcanzó unas colinas con fuertes robles, donde se paró y permaneció flotando, con la clara intención de centrar su mirada sobre una estela de piedra clavada en el suelo. Y ahí leyó: «Federico García Rodríguez, 28 de agosto de 1859-30 de septiembre de 1945». Se quedó sin aliento.

—¡Padre! ¿Tú? —preguntaba al vacío, con el rostro desencajado, sofocado, y un nudo en la garganta. Desde la nube oteaba alrededor de la sepultura, confuso, sin saber si allí estaba también el resto de la familia, pero nadie aparecía para calmarlo. Volvió a mirar una y otra vez la tumba—. ¡Papá! ¡Papá! Soy Federico. Tu hijo, Federico. ¡Papá! ¡No te escucho! —gritó, y miró hacia arriba, como si quisiera localizar a un dios que aún no había descubierto en este camino y le implorase como último recurso—. ¡Por favor! ¡Devuélveme a mi padre un minuto solo! ¡Soy su hijo, necesito hablar con él! ¡Estoy aquí!

Fue entonces cuando, en lugar de la voz de Dios o de su padre, sintió otra que desconocía y que lo llamaba por su nombre. Cuando se giró, la sombra que

estaba tras él y cuyo rostro no identificaba era más pequeña y, prácticamente, sin definir.

—Es imposible que me conozcas, pues en este mundo de los muertos solo podrías verme con la edad con la que te fuiste, y yo entonces era muy pequeño. Soy Manuel Fernández Montesinos.

Federico se llevó la mano a su corazón, sorprendido, cuando comprobó que ante él estaba aquel sobrinito al que apenas pudo ver crecer. Nacido en 1932, de su hermana Concha, contaba con cuatro años cuando Federico fue asesinado. Pero es que poco antes fue asesinado su padre. Desveló al poeta que allí solo estaba enterrado el padre de Federico, su propio abuelo, porque cuando la familia embarcó desde el *Marqués de Comillas* hacia Estados Unidos, dijo a todo el mundo: «No quiero volver a ver este *jodío* país en toda mi vida». A Federico se le partió el corazón cuando pensó en el dolor de su padre. Aun así, a aquella sombra indefinida le pidió más información, y el propio sobrino le narró cómo fue la vida sin su padre. Porque Manuel Fernández Montesinos padre fue asesinado, como último alcalde constitucional de la República en Granada. Le dio también más detalles, como que Fernando de los Ríos se convirtió en el suegro de su hermano Paco, a lo que Federico sonrió, llevándose las manos a la cabeza. O que De los Ríos conversaba mucho con su padre. En lo más profundo de sí, pensaba en lo que hubiese dado por haber compartido una tarde en Nueva York junto a los suyos, con Fernando de los Ríos y la familia Fernández Montesinos. Y luego, el sobrino le desveló que él mismo, muchos años después, se encargó de recuperar su memoria, buscando sus manuscritos y publicando todo aquello que quedó pendiente.

—Decía mi tío que «solo podemos recordar lo que en nosotros vive». Aunque no estabas con nosotros en Nueva York, siempre estabas en nuestra mente, Federico.

Y tras aquella pausa le contó que quería recuperar para su tío las palabras que le dedicó en el homenaje que se le hizo en Fuente Vaqueros en 1976, a las cinco de la tarde, bajo un sol abrasador y la atenta mirada de una dictadura que aunque ya estaba apagada, seguía en muchos ojos que vigilaban todo aquello que ocurría en torno a su figura:

> En los primeros días de la Guerra Civil, Federico García Lorca caía ejecutado en el barranco de Víznar. Se ha dicho que para dar muerte a un poeta, muerte verdadera, hay que matarlo dos veces: una con la muerte y otra con el olvido. Federico García Lorca es además uno más entre millones de víctimas de una guerra civil, una guerra civil durante la cual se quiso destruir en nuestra patria hasta la creación artística, lo único que entre la decadencia y la mezquindad de los siglos, hizo posible que el nombre de España estuviese a la altura de los demás pueblos del mundo. Había muchos que confundían la patria con un trapo de colorines, con retratos pomposos de individuos uniformados y el tatachín monótono y discorde de poetas y tambores. Para nosotros la Patria es *El Romancero gitano*, la patria es *Perito en lunas*, *La voz a ti debida*, es *Marinero en tierra* y tantas otras creaciones del espíritu que llevaron a decir a Federico García Lorca en una carta a Miguel Hernández: «Hoy se hace en España la más hermosa poesía de Europa».

Tras aquellas palabras, la sombra de Manuel se desvaneció y Federico, sin poder impedirlo, aún con un nudo en la garganta y los ojos cargados de lágrimas, observó cómo con rapidez la nube lo alzaba e iniciaba un recorrido rápido hacia otros destinos. Mezclado entre cúmulos y sombras que se le cruzaban, el pensamiento de Federico estaba ya centrado únicamente en su familia. Tenía ahora datos con los que no contaba y le aterraba pensar si este viaje, al final, acabaría sin poder ver a los suyos. Solo lo alejó de estos pensamientos la silueta de una isla que desde las alturas identificó sin problemas. La Habana, donde reconoció haber pasado los mejores días de su vida. Cuba, la ciudad donde incluso se olvidó de su familia y dejó de escribir las cartas angustiosas que enviaba desde Nueva York. La Habana, donde la luz del sol se coló por las grietas de su corazón y las secó para regenerarse. Por ello, el viaje de una semana se convirtió en uno de tres meses. Cuba era tener una sonrisa sobre su rostro, el descubrimiento de su gente, pasar por el malecón hasta la casa de los Loynaz para acompañar tardes enteras repletas de cultura. En aquel viaje fugaz, se cruzaron unas sombras entre las que identificó, con una exagerada sonrisa, a Adolfo Salazar, a Gabriel García Maroto, a Luis Cardoza, a Nicolas Guillén y a José Lezama Lima. Recordó aquella despedida en la isla con sus amigos y un largo abrazo.

Sin permitirle mediar palabra con ellos, que se desvanecieron tan pronto como los saludó, la nube alzó aún más la altura y se apresuró ante varias sombras a las que esquivaba para alcanzar su destino final. Con mucha intensidad, descendió hasta adivinar la majestuosidad de la enorme avenida de Mayo, donde estaría su hotel. Era la Argentina a la que llegó mientras en su cabeza estaba el final de *Yerma*. La Argentina que le abrió los brazos, que le hizo triunfar en toda Latinoamérica y, en gran parte, gracias a la sombra que en ese instante se cruzó con él con rapidez, Lola Membrives. Junto a Margarita Xirgu, fue la actriz principal de todas sus obras al otro lado del charco y una de las mejores referentes, con llenos, triunfos y noches de gloria para el poeta. Desde el éxito de *Bodas de sangre* hasta *Mariana Pineda* o *La zapatera prodigiosa*. Tan pronto como la vio, la nube que lo portaba se adentró en un mar espeso de nimbostratos, donde la claridad dejó de estar presente y donde a mayor avance, más nubes oscuras y casi negras impedían saber hacia dónde iba. Al final, todo el espacio que estaba ante él se impregnó de negro y le provocaba una completa ceguera. Contuvo la respiración y casi de inmediato empezó a toser. Agitaba sus manos en el aire, intentando retirar aquellos extraños nimbos que le hacía sentir ahogo, hasta que descubrió que aquella nube que lo transportaba era ahora era el humo de un tren que lo había alcanzado. Y que, bajo sus pies, ya no había un terreno mórbido, sino la solidez de la piedra de un duro andén. Retiradas las últimas volutas de humo ante su rostro, descubrió que estaba en la estación de Atocha, en

Madrid. Miró la fecha impresa en una de las paredes y comprobó que el calendario marcaba el 13 julio. El mismo día en que se despidió de Madrid para siempre. El poeta había regresado.

Cuando vio aquella fecha impresa sobre el calendario de la estación, sus piernas y manos temblaron, y su corazón se aceleró. El miedo, el riesgo, la responsabilidad y la incertidumbre también habían sido compañeros de trayecto los días precedentes a su último viaje a Granada, como cuando se sumó al homenaje del Frente Popular a diversos escritores franceses, cuando firmó el manifiesto en contra del dictador Salazar en Portugal o cuando sus amigos Jorge Guillén, Dámaso Alonso, Pedro Salinas o Guillermo de Torre enmudecieron ante el retrato de la España de aquella Bernarda Alba que les leyó en la casa del doctor Eusebio Oliver. Entre el ajetreo de sombras que se le cruzaban y lo rodeaban, y la mezcla de conversaciones al aire, hubo una que se elevó sobre el resto. Era una sombra de un señor mayor, que leía en voz alta las declaraciones de un periódico que sostenía entre sus manos.

> Yo soy español integral, y me sería imposible vivir fuera de mis límites geográficos; odio al que es español por ser español nada más. Yo soy hermano de todos y execro al hombre que se sacrifica por una idea nacionalista abstracta por el solo hecho de que ama a su patria con una venda en los ojos. El chino bueno está más cerca de mí que el español malo.
>
> En este momento dramático del mundo, el artista debe llorar y reír con su pueblo. Hay que dejar el ramo de azucenas y meterse en el fango hasta la cintura para ayudar a los que buscan las azucenas.

Identificó aquellas palabras como las suyas propias, en su última entrevista a Luis Bagaría en el diario *El Sol*. Y el temor se apoderó de su cuerpo. Era de nuevo el día 13 de julio. Lo recordaba a la perfección y no quería revivir aquellas últimas horas de decisiones precipitadas y de últimos encuentros. Asustado, entre las sombras mezcladas de la muchedumbre, Federico aceleró el paso intentando huir de su propio sueño, sin recordar que en este viaje por el tiempo él no podía manejar su destino. Aun así, cada vez avanzaba con más premura y pensó esquivar aquella angustia saliendo de la estación cuando, a punto de rebasar el último tramo del andén, un nuevo bloque de humo tapó su visión y a él se sumó un estruendo junto a un fuerte sonido de silbato. Mientras el humo se desvanecía, la voz del jefe de estación indicó que no había vuelta atrás: «¡Granada, viajeros al tren!». Y cuando aquella mezcla y aquellas partículas en suspensión del humo desaparecían poco a poco, reconoció la silueta de dos personas y comprobó que la historia se repetía. Frente a él estaba su amigo íntimo Rafael Martínez Nadal y, unos metros más atrás, Rafael Rodríguez Rapún y Juan Ramírez de Lucas.

—¿Hiciste todo lo que te pedí? —le preguntó a Martínez Nadal, por ser la última persona a la que había encargado en Madrid qué hacer si le ocurría algo.

Rafael hizo una pausa antes de hablar y le miró a los ojos de forma penetrante.

—Te lo advertimos. Te dijimos que dejaras España. Nunca me perdonaré no haberte hecho bajar de este tren. Te pido, ahora, que no subas ahí y vayas a Granada. Siguen buscándote. No estás a salvo.

—Pero... —Federico titubeó, abrumado porque las circunstancias se repitieran y por la amenaza que sentía—. Estoy en mitad de un viaje que debo concluir. Me encuentro como en 1936, con un temblor de angustia ante la incertidumbre y con la única certeza de que en Granada está lo único que quiero ver. Papá, mamá... Necesito su abrazo. ¿Tú hablaste con los tuyos en la guerra? ¿Tú, hermano, has podido despedirte de los tuyos? Entiéndeme. Solo hago esto por ellos, por los míos.

—¿Sería, pues, egoísta por mi parte pedirte que no vayas?

El poeta sostuvo el ruego de su amigo y, sin más palabras, Rafael supo que se marcharía a Granada. Lo rodeó con sus brazos y lo apretó con tanta fuerza como fue capaz, consciente de que podría ser el adiós definitivo a un amigo que se enfrentaba al fin de su propia alma.

Federico sostuvo sus manos en la despedida final, y reparó en las dos personas que permanecían quietas unos metros atrás, rodeadas por el trajín de los últimos viajeros que subían al tren.

—Quiero despedirme de ellos.

Rafael se apartó y se alejó, a la vez que su cuerpo se desvanecía en volutas. Federico anduvo un par de pasos y miró primero a Rafael Rodríguez Rapún, quien se adelantó.

—No vayas al frente —le rogó.

—Federico, con todo lo que te hice, ¿tienes capacidad aún de amarme y protegerme?

—Quizás es solo la señal de cuánto amor te tuve. Y que la mayor expresión de ello fue dejarte ir de mi lado cuando así lo quisiste. Sé libre siempre, como tantas veces soñamos.

Rapún se llevó la mano al pecho y, tal y como inició el gesto, su cuerpo y su sombra se hicieron polvo arrastrado por el viento. Federico bien sabía el alcance de aquella reflexión y la de noches y días que vivió amargado por un amor que al final no fue correspondido en igualdad de intensidad ni entrega. Pero Rapún ya se había marchado y ante él estaba, a solas, aquel chaval al que conoció en un encuentro casual en el Teatro Anfistora durante unos ensayos: Juan Ramírez de Lucas. Su corazón temblaba tanto como sus manos frente a aquella sombra que representaba al Juan de 18 años que despidió en aquel lugar. El jefe de estación, al pie de la locomotora, emitió una silbada larga, tras la que sonó la campanilla de mano. Federico subió con premura a la escalerilla del tren y, como la última ocasión en que se habían visto, Juan se aproximó para despedirlo.

—¿Te trató bien la vida? —le preguntó Federico, sin saber bien qué añadir ante su presencia, pues solo se alegraba de poder mirarlo.

—«Dicen que han matado a Federico García Lorca», eso escuché mientras me hacían una pequeña intervención. Enmudecí y busqué y busqué tu nombre, porque aquello debía ser mentira. «No llores, dos meses pasan pronto», me dijiste, antes de partir en este mismo tren —le recordó.

Federico asintió varias veces con la cabeza y la mirada, impregnado en un recuerdo que nunca abandonó.

—No lo olvidé ninguno de los días que estuve en Granada, ni cuando estuve retenido. Prometo que cada día mi propio eco retumbaba con aquella frase que no pude cumplir.

—Yo quería irme a México contigo.

—Y sabes que fuiste el motivo de mi espera, pero no era fácil y fue lo mejor para que te salvaras. A veces, el verdadero cariño se muestra sin retener a nadie. Sin ser egoísta y pensar en uno. Sin condenarlo a aquello que puede frenarlo o impedirle vivir como quisiera. Pero dejar ir nunca es olvidar. —Federico extendió su mano hacia la del joven, que apretó con fuerza, y le recordó las últimas palabras que le dirigió en una carta—. «Juan: es preciso que vuelvas a reír. No te dejes llevar de la tristeza».

—¿Puedo irme contigo ahora? ¿Puedo subir a este tren?

Federico no le respondió. El silbido de la locomotora y la puesta en marcha precedió sus primeros avances hacia Granada poco a poco. En pie, desde aquella escalerilla, Federico solo pudo alzar la voz y, mirando a un Juan que se alejaba en la distancia, le recitó unos versos apresurados.

Aquel rubio de Albacete
vino, madre, y me miró.
¡No lo puedo mirar yo!
Aquel rubio de los trigos
hijo de la verde aurora,
alto, solo y sin amigos
pisó mi calle a deshora.
La noche se tiñe y dora
de un delicado fulgor.

¡No lo puedo mirar yo!
Aquel lindo de cintura
aquel galán sin amigo
sembró por mi noche obscura
su amarillo jazminero.
Tanto me quiere y le quiero
que mis ojos se llevó.
¡No lo puedo mirar yo!

Federico pronunció estos últimos versos ya en voz baja, casi para sí mismo, cuando Juan ya era solo un punto en la lejanía, con el corazón resquebrajado por tantas ausencias, por tanta incertidumbre y tanto temor. Alzó la mano por si parte de lo que quedaba de Juan aún lo veía. Y por si las sombras de sus amigos de Madrid también eran capaces de ver su despedida. Ese Madrid a lo lejos, minúsculo, que tiempo después sería bombardeado, hasta en sus sueños y esperanzas. Ese Madrid que se ennegrecería cada día hacia un luto de vida. Ese Madrid que ya jamás volvería a ver y sería sepultura de la libertad. Inspiró, retiró de su rostro la emoción de la despedida y giró su cuerpo hacia el rumbo que estaba convencido de tomar. Había que volver al lugar de donde partió. Había que terminar donde todo empezó. Si había que volver a morir, era en Granada.

ROSA SIN PÉTALO

A distancia, unos ojos observaban la llegada de Federico a Granada. Los mismos que hacía unos instantes habían mirado a quienes se sumaban a su aviso, los que tenían todo planificado y los que acababan de mirar por última vez varios manuscritos originales del poeta, dispuestos a quemarlos.

De nada de ello era consciente Federico cuando abandonó la estación de tren. Encontró una ciudad inquietante. Con una luz ceniza, gris, sin ambiente, sin gente, sin aves y sin apenas brisa, solitaria y abandonada. Recorrió parte de sus calles con incertidumbre, por un trazado nuevo e irreconocible diseñado para él. Un laberinto que marcaba su único destino. Tras minutos y minutos por esa ruta, cuando dobló una esquina, le sorprendió comprobar hacia dónde aquel zigzag de calles le había conducido. Ante él estaba la casa de un admirado amigo, que le embarcaba por el tiempo a su esencia musical. La ventana que daba al balcón principal se abrió y el cuerpo de un hombre apareció en él. Permaneció impasible ante su presencia, hasta que aquel cruce de miradas golpeó la memoria de cuánto había sido compartido. Federico corrió hacia el carmen de la Antequeruela alta, atravesó el anexo del jardín y entró en aquella casa que para él era también hogar.

En la entrada le esperaba con los brazos abiertos su querido Manuel de Falla, quien lo rodeó y lo estrechó como si fuera su propio hijo porque, de hecho, así fue como Federico sintió que él lo había tratado toda su vida. El músico le hizo sentarse bajo uno de los árboles del jardín, y a ellos se sumó su hermana María del Carmen. Y allí, los tres comentaron vivencias compartidas, desde las excursiones en coche en busca de canciones populares, al concurso de cante jondo que hicieron en 1922, las comidas en aquella vivienda con Fernando de los Ríos o María Lejárraga, o la función de los títeres de cachiporra en la casa del poeta, en la tarde de Reyes de 1923.

—Es que son tantos momentos... Aún recuerdo la Nochevieja de 1921 que nos diste —expresó la hermana, con una carcajada. Se refería a cuando en fin de año, a las doce de la noche, Federico y su hermano, bajo el balcón del músico, interpretaron una serenata junto a la banda municipal de Granada. El poeta se llevó las manos a la cabeza con aquel episodio.

—Al menos —se excusó, primero con un tono de solemnidad que relajó después—, tuve gusto en elegir la canción de la serenata: su *Fuego fatuo* con trombón, clarinete, tuba y cornetín. ¡Una deliciosa sorpresa pero una cosa endiablada! ¡Aún recuerdo vuestras caras de asombro y vuestras risas!

—¡Quién podía pensar algo así, salvo tú! —subrayó Falla—. Nos dio tanta risa que no nos podíamos levantar para abriros. Ya dije que ni el gran don Igor Stravinski hubiese soñado con aquella composición instrumental. De tanto que me agradó, hasta hice pasar al grupo musical y les pedí que me tocaran cuatro veces esa adaptación junto con el piano.

Federico, entonces, se acordó de cuando los dos compartieron ese instrumento y le preguntó a Falla si podría, antes de irse, volver a tocar el piano con él. El músico, con la emoción honda en sus ojos, se lo confirmó, y los dos pasaron dentro de la casa. Federico se giró para comprobar si su hermana los acompañaba pero, para cuando fue a cerciorarse, ya era una voluta de humo. Falla levantó la tapa del teclado y, sin mediar palabra, empezó a tocar los primeros acordes del *Fuego fatuo*, a los que Federico acompañó sin titubeos. Las manos del maestro y de aquel García Lorca músico se coordinaban con majestuosidad y parecían fundirse sobre las teclas blancas y negras. Ya en las últimas notas, se miraron y guardaron un silencio profundo durante unos segundos, hasta que la resonancia del

último acorde cesó. Federico supo que ahí estaba el instante de comunión entre los dos. Era la hora de hablar lo que no habían hablado.

—¿Me perdonaste la *Oda* que te dediqué? La del Santísimo Sacramento... porque para mí eras un ser místico, un santo al que veneraba. Hay distancias que no se comprenden.

Falla bajó la tapa del piano, dispuesto a ser sincero.

—Pensé cada día en ello desde que te fuiste. Y cuando pasan cosas graves, uno se arrepiente de esas distancias y dolores. Federico, quiero que sepas que no te abandoné. Ni a ti ni a nadie, fuera del bando que fuera. Nada más supe de lo tuyo fui al gobernador civil. Y prometo que volví hecho pedazos a casa cuando asumí que no podía hacer nada para dar contigo. Ninguna palabra puede hacer justicia a la impotencia que padecí. Intenté ayudar en lo que pude... para que Hermenegildo Lanz pudiera recuperar su plaza de profesor, para salvar a Gerda Leimdörfer como esposa judía del rector de la universidad, fusilado. Confío mi impresión contigo porque tú, como poeta y músico, entenderás la profundidad de mis palabras. —El hombre se aproximó al oído de Federico, para bajar algo la voz y compartir su impronta—. Granada y España se convirtieron en un país donde la música cesó, salvo para los toques fúnebres y las campanas que recordaban la muerte. Me marché a Argentina y, aunque me pidieron que regresara, ya no tenía sentido. Hay cuestiones en la vida que siempre son irreversibles una vez que suceden. Yo había dado un portazo y me pedían volver a abrir esa puerta con una llave que ya no encajaba. Nunca pensé que volvería a descansar a mi Cádiz de esa manera. Pero aun así, mi alma sigue aquí a ratos, en este carmen granadino donde padecí y disfruté los peores y los mejores momentos. Y aquí he estado todo este tiempo, a tu espera. Hice lo que pude y prometo que cada día de mi vida estuviste en mi recuerdo eterno y en mi culpa de si pude haber hecho algo más.

Federico le apretó la mano que descansaba sobre su pierna, con un nudo en la garganta y como si necesitara un punto de apoyo que le aportara la serenidad para asimilar lo escuchado. Ese sostén que, a la vez, le permitiera devolver un afecto distanciado, que no le derrumbara y le impidiera seguir su camino, en una Granada que le devolvía el pálpito de que lo más duro estaba aún por llegar. Tan solo pudo decir: «Debo irme». Falla asintió, con dolor pero con la certeza de que aquel encuentro no era eterno. Fue entonces cuando se percató de que su hermana ya no estaba con él. Federico le avisó de que la había visto marchar y el músico le pidió que permaneciera unos segundos más allí. Le prometió que él iría en busca de su hermana, en ese espacio inaccesible aún para el poeta, para, así, despedirse los dos de él.

El poeta se quedó solo y en aquellos segundos de soledad en la casa percibía un eco de murmullos procedentes de todas las voces que aquellas paredes habían cobijado. Conversaciones cargadas de arte que se mezclaban con composiciones diversas y con notas musicales que flotaban y resonaban en aquella extraña atmósfera. El tiempo pasaba y sentía que debía abandonar. Salió en su busca y descubrió al músico adentrarse tras los arbustos y árboles del carmen. Federico lo llamó por su nombre para reclamar su atención, pero Falla avanzó sin percatarse. Lorca lo perdió de vista pero, aun así, fue por el camino que intuía que su amigo había tomado. Advirtió el sonido de un cuerpo que rozaba las plantas en su avance, aunque cada vez lo sentía más lejos. Empezó a inquietarse ante aquel jardín que él no recordaba tan profundo y frondoso. Hasta que, de pronto, una voz familiar le hizo pararse en seco ante las palabras que escuchó: «¡Quiero salir! ¡Quiero salir!». Y, ante el pálpito de que era quien su mente le dictaba, se giró y caminó hacia el grupo de arbustos de donde salía aquella voz de mujer, mientras apartaba y arrancaba pequeñas ramas para asegurarse de su presencia. A cada instante, estaba más seguro de recrear aquel encuentro como él mismo había dejado por escrito años atrás, en el arranque de la obra que ella protagonizaba.

—¡Ya voy! No tengas tanta impaciencia en salir; no es un traje de larga cola y plumas inverosímiles el que sacas, sino un traje roto, ¿lo oyes?, un traje de zapatera.

—¡Quiero salir! —insistió la otra voz.

—¡Silencio! —replicó, hasta dar con ella y comprobar cómo salía su cuerpo de una oquedad profunda de un árbol—. También amanece así todos los días sobre las ciudades, y el público olvida su medio mundo de sueño para entrar en los mercados como tú en tu casa, en la escena… zapaterilla prodigiosa.

Zapatera se sacudió el vestido y solo respondió a su autor llevando sus manos al corazón, aunque aquello no estaba detallado en el arranque de su obra propia, que acababan de recrear entre los dos. Él tomó sus manos, dispuesto a desahogarse con ella.

—¿Sabes que tu grito era mi grito de querer salir de toda la farsa que me rodeaba? ¿De mi necesidad de ser quien soy? Eres tú quien bien representabas el precio del chascarrillo y de las humillaciones donde todos somos títeres manejados por unas cuerdas que solo podemos cortar nosotros mismos. ¿Y, sabes, querida, que solo una mujer como tú podría interpretarlo como un ser libre frente a un pueblo obediente y sometido a unas normas rígidas, como máscaras de hierro, donde tú solo vas sin ocultarte? Me hiciste aprender que la imaginación es un salvavidas frente a la angustia, igual que lo más profundo de mi alma estaba atado a mi silencio.

Ella le sostuvo la mirada unos instantes antes de abrir su pensamiento.

—Aunque todo el mundo pensara que eras libre, bien sabemos quienes venimos de ti que siempre fuiste como un pajarillo que agita las alas pero tiene la pata atada a una jaula. Como cientos de mujeres como yo, que éramos esclavas de unos hombres impuestos. En cambio, ¿sabes, querido Federico, que solo puedo tener gratitud por no dejarme callada en las páginas de un libro? Como hacían tantos otros. Invisible o con dos palabras dictadas. En cambio, a mis compañeras y a mí nos diste voz, autoridad, mando o el derecho a queja o réplica, y eso hizo que también otras mujeres sintieran que su voz no era silenciada. Tú, que bien dejaste en la obra escrita la mezquindad de esos hombres, que petrificados justificaban las palizas para domarnos como si fuéramos animales sin alma, cuando en verdad nos dejaban tullidas ante la maldad de usarlas bajo el nombre del amor.

—¿Sabes, querida Zapatera, que te vi nacer y te escribí en esta tierra, entre higueras negras, espigas, coronas de agua y rosas?

—Lo sé, y por eso no puedo ser de otra forma. Y por eso, también, quiero darte un regalo, pero para ello me debes obedecer. Gírate, tápate los ojos y cuenta hasta diez. Vamos a jugar un rato.

Federico hizo un ademán de sorpresa e incomprensión, pero ella le volvió a repetir la orden. Él, en ese caso, obedeció. Atendió a cómo los pasos de ella se alejaban entre los arbustos, y luego a cómo su voz retumbaba mientras cantaba en alto los números del uno al diez. Cuando alcanzó el último, retiró sus manos y comprobó que no había nadie en aquel espacio.

—¡Ajá, Zapatera! Quieres jugar al escondite…, pero por algo será —avanzó un poco más, apartando arbustos por el trazado—. Debes de estar por aquí, no has podido ir muy lejos.

Pronto, se percató de que estaba medio escondida tras un árbol. La falda algo rota fue movida por el aire y desveló el secreto. Caminó hacia ella, que permanecía apoyada y agachada, descansando su cabeza sobre el tronco, observando la luna menguante que se marchaba y las estrellas que se apagaban. Federico dio un pequeño salto hacia ella y lanzó: «¡Te encontré!». La mujer devolvió su rostro y, de inmediato, él retrocedió unos pasos y encogió su aliento. Con voz entrecortada, solo pudo decir su nombre.

—Agustina…

Ella, en un primer momento, permaneció detenida, con la mano en alto para solicitar una pausa y observando aquellos luceros casi hipnotizada.

—¿Las ves, Federico? A ellas. A esas mismas estrellas pedí clemencia antes de que me fusilara aquel pelotón. Sucedió unos días más tarde que lo tuyo.

Fue entonces cuando ella le devolvió la mirada, donde parecía residir ahora el fulgor de aquellos luceros, frente a un Federico con los ojos llenos de lágrimas tras conocer el destino de su amiga. Agustina se dejó caer en sus brazos y Federico casi la ató a sí mismo, como si quiera impedir que alguien más le hiciera daño.

—También te lo hicieron... A ti también.

Tras aquellas palabras no quería soltar a Agustina González, la verdadera Zapatera. El auténtico apodo provenía del oficio de su familia. Vivía a pocos metros de él, y nada más conocerla supo que, si no hubiese sido mujer, le habría hecho sombra a él mismo como una de las personas más ilustres de la generación del 27. Federico cerró aún más sus brazos y sus ojos, queriendo que nadie más pudiera hacer daño a su amiga. Y, en aquella visión cerrada, recordó toda la vida con ella. Los cafés compartidos, las conversaciones que solo ellos entendían como dos almas libres frente a las imposiciones, la confesión de que su familia hiciera un consejo para permitirle leer como mujer, cuando se vestía como hombre para entrar en las tertulias o para salir a la calle con seguridad. Ella era la inventora de un alfabeto reducido para que escribir fuera más fácil, la creadora del Partido Humanista, la que vendía sus textos en la zapatería. La misma que contaba a Federico que le daba igual que la trataran de loca o de tener histeria, la que en una manifestación abrió su camisa y dejó al aire sus pechos mientras decía a la Guardia Civil que la disparasen. Nadie. Ninguna mujer como ella había sido más libre, más fuerte y más valiente, ajena a las críticas y solo con la creencia en sí misma. Agustina se retiró. Sujetó sus dos manos y, como si estuvieran en una de aquellas conversaciones cuando compartían café, lo interrogó.

—¿A que ahora mismo, con los ojos cerrados, has visto nuestra vida juntos?

—Sí, ¿por qué lo sabes?

—Recuerda que era un poco bruja, amigo. ¿O, acaso, ya no crees en la magia?

A Federico se le escapó una medio sonrisa, tras recordar lo que aquel arte o ciencia le había permitido en su reciente regreso.

—¿Cómo no voy a creer, si la magia me ha traído hasta aquí? Más quisiera que vinieras conmigo, pues este tiempo me ha acompañado una conjuradora llamada Dolores, y ella ha sido la que me ha sostenido para entrar en esta especie de viaje o sueño.

—¿Qué magia empleó contigo? ¿Confías en ella?

—Con plenitud. Y no sé qué conjuros o hechizos aplica, solo que me encantaba verla con su bastón de cascabeles y, justo esta vez, portaba un objeto extraño que me generó inquietud.

—¿Cuál? —cuestionó, curiosa.

—Un círculo con una red, rodeada de unas plumas...

—¡Un atrapasueños! —Él vaciló, y a ella le pareció preciso concretar—. Es un amuleto de tradición legendaria. El aro representa el sol y la luna llena. El tejido del centro es como una tela de araña que atrapa los malos sueños que nos enturbian. Los buenos son aquellos que se deslizan por las plumas y nos retienen.

—¿Y qué puede pretender con él? ¿Estoy, entonces, ahora en un sueño?

Ella le sonrió con picardía.

—No puedo desvelarte más, pero espero que te proteja de los malos espíritus que nos rodean de forma constante, aunque no los veamos, y que quieren convertir siempre nuestros sueños en pesadillas de condena. ¿No te acuerdas cuando te dibujé un espíritu y no me creías?

—¿Los sigues viendo?

—¡Ahora más, amigo! ¡Si los dos somos espíritus también!

Federico sonrió ante su torpeza y flojeó aquella mueca ante la mirada melancólica de Agustina.

—Yo sabía que me iban a matar. A ti. Y a media Granada, porque ni tener un nombre valía para salvarse mientras no pensaras como ellos.

—La muerte nos igualó a todos.

—Las voces libres no las soportan y buscan callarlas siempre. Me llegó que, hasta después de fusilarnos, un tipo llamado Trescastro dijo que a ti te había matado por maricón y a mí por puta. Y aun así, sé por mis muertos que, tres años después de matarme, condenaron a mi familia a pagar ocho mil pesetas por masona y por simpatizar con partidos de izquierdas. A esa gentuza no les fue suficiente con mi muerte, la tortura y la humillación.

—¿Te confieso una cosa? —compartió, con una sonrisa absurda ante lo que recordaba. Ella accedió con su mirada—: Aquellos días pensé muchas veces que quizás todo fuera una pesadilla. Luego, cuando asumí que no, cuando ya estaba ante aquellos olivos, caminando hacia la muerte…, cuando miré hacia atrás y vi aquellas armas apuntando hacia nosotros, pensé que quizás alguien no obedecería. Que alguien del pueblo vendría a parar aquella sentencia de muerte. Pero no. Todos permanecían organizados, obedientes, impasibles, inhumanos y convencidos. Todos eran un eslabón perfecto para la ejecución. —Ella asintió a cada una de sus palabras, mostrando una comprensión completa hacia aquella idea. Él la miró de nuevo, meditó y se encogió de hombros intentando buscar un consuelo—. Quizás, amiga, no éramos personas para estar en este mundo y, aunque hubiésemos estado vivos, nos habrían consumido por dentro.

—¿Recuerdas cuando creé mi Partido Humanista y pedía borrar las fronteras, una moneda universal, un hogar para todos los desheredados del mundo y una bandera con las palabras «Alimento y Paz»?

—Cómo olvidar tu hazaña y ese universo de fraternidad que también anhelamos...

—Pues yo recuerdo cuando, meses antes de que nos mataran, te leí en la prensa decir: «El día que el hambre desaparezca, va a producirse en el mundo la explosión espiritual más grande que jamás conoció la humanidad. Nunca jamás se podrán figurar los hombres la alegría que estallará el día de la Gran Revolución. ¿Verdad que te estoy hablando en socialista puro?». —Él le devolvió un gesto de afecto—. Tú, amigo, eras como yo.

—Nuestras frases y nuestros actos fueron nuestra sentencia de muerte.

—¿Y qué hubiésemos sido de lo contrario? ¿Acaso Agustina hubiese sido Agustina callada? ¿Qué hubiese sido García Lorca como un hombre en silencio?

—Pero ¿crees que hubiésemos conseguido algo? ¿Que hubiésemos alcanzado ese mundo inalcanzable, salvo en sueños y quimeras? Estamos muertos.

—La desmemoria es una forma de muerte y de mí pocos se acuerdan, Federico. Y mis escritos… ¡Vete a saber qué fue de mis escritos! Pero tú, tú creaste un universo lorquiano, creaste un mundo que por mucho que te mataran ha traspasado fronteras. ¿Por qué crees que te persiguen aún esos espíritus que no te dejan descansar? Su orden única es que las voces que habéis perdurado no agiten más conciencias. Que los ecos de justicia nunca resuenen, sea el tiempo que sea. Estamos en este otro lado del mundo ya y, aún aquí, la paz se nos niega.

—¿Y dónde estamos, amiga? ¿Es esto, acaso, ya el paraíso? ¿Acaso estamos más cerca de Dios, si es que existe?—cuestionó él, rodeado de aquella vegetación que ya lo apartaba por completo de aquella casa de Falla a la que llegó.

—Amigo, sabes bien que no creo en Dios… Qué Dios iba a permitir lo que nos hicieron o qué Dios permitiría que las mujeres fuéramos nadie. Es más, hay un lugar que han creado de tortura perpetua como castigo. ¿Sabes cuántas mujeres transitan allí con sus bebés, como vagabundas? ¿Sabes cuántas fosas existen con sonajeros enterrados que dejaron de calmar a niños pequeños? ¿Sabes cuántas mujeres deambulan en ese más allá desnudas y rapadas, como castigo, para siempre? ¿Acaso un Dios permitiría tal daño sobre nosotras mismas? No, todo es de la mano del hombre. Pero del hombre que odia y nunca cesa, porque ese odio se hereda. Lo certifico porque me muevo entre todos los espacios. Y me ha costado llegar hasta ti, mientras otros espíritus asesinados en nuestra guerra aparecen ante mí y me piden buscar a los suyos, porque sus almas están en tierra de nadie.

—¿Te lo piden? ¿Yo puedo? ¿Viste a mi madre, a mi padre, a mis hermanos? ¿Puedes ver a los míos? ¿Te han preguntado por mí? ¿Puedes llevarme hasta ellos?

La joven hizo una pausa, meditó y se concentró.

—Aprieta fuerte mi mano y cierra los ojos. —Federico obedeció de inmediato, sintiendo cómo ella también comprimía sus palmas y sus dedos con mucha fuerza. Sin embargo, pronto desistió—. No puedo hacerlo. Quiero enviarte a la Huerta, pero están allí.

—¿Quiénes? ¿Mis padres?

—No —respondió rápida y tajante—. Los otros.

—Llévame, me da igual, entonces los míos están en peligro. Llévame.

—No, no quiero cargar con ello.

—Te lo pido por favor. Tú siempre peleaste por tu libertad. Dame la libertad de estar allí ahora. Me da igual lo que ocurra, pero quiero que esto acabe ya. Cumple la voluntad de tu amigo, por favor.

Ella mantuvo la mirada, indecisa, pero pronto se agitó su respiración ante un presentimiento.

¡Agustina González y Federico García Lorca! ¡Agustina González y Federico García Lorca!

Aquella voz paralizó a los dos unos segundos. Un Federico alertado y atemorizado, y una Agustina que reaccionaba y ordenaba de forma inmediata.

—Vienen a por nosotros, quizás eso es lo que percibía, y no están en tu Huerta. Cierra los ojos y te hago llegar allí, pero ten cuidado.

¡Agustina González y Federico García Lorca! ¡Agustina González y Federico García Lorca!

Repetía aquella voz masculina, rotunda y clara.

Junto a los nombres, ahora se escuchaban además pasos que avanzaban.

—Ven conmigo, amiga. ¡No puedes quedarte aquí!

—Cumple tú también mi voluntad. Alguno de los dos debe permanecer para contarlo todo y que la memoria no se entierre. ¡No me olvides nunca! Solo vivimos si nos recuerdan.

—Lo prometo.

¡Agustina González y Federico García Lorca! ¡Agustina González y Federico García Lorca!

Con el eco de más voces que hacían retumbar sus nombres por cada esquina de Granada, los dos cruzaron sus manos y cerraron los ojos con fuerza. Federico se dejó llevar, sincronizado por la energía de su amiga y la tensión de quienes ya sentía a poca distancia. Y así permaneció unos segundos hasta que notó que el tacto de su amiga se desvanecía y la única presión en sus manos provenía ya de las suyas propias y de sus puños apretados. Entonces, abrió los ojos y descubrió que estaba en el camino de los cipreses. Al fondo, la casa de la Huerta de San Vicente. Y, atado a un árbol, el casero de la Huerta, Gabriel Perea Ruiz, siendo golpeado y torturado.

¡Huye, Federico, huye!

Escuchó decir, sin identificar quién era. Poco tiempo escuchó aquella frase en bucle, cuando tuvo la certeza de que la historia se repetía. Como cuando aquel escuadrón falangista llegó a la huerta con una excusa falsa para amedrentar a toda la familia. Como cuando lo arrojaron por las escaleras de casa. Para entonces ya era tarde. Escuchó de nuevo aquel clamor de auxilio justo antes de recibir un golpe seco en la nuca, piernas y espalda, con unas palabras que le atravesaron el alma al grito de «¡maricón!».

Como pudo, Federico entreabrió poco a poco sus ojos y comprobó que unos rostros, que aún veía borrosos, lo rodeaban. Se frotó la cara para recuperar una visión más nítida y comprobó que aquel patio interior y aquellas presencias le hacían sentir en peligro y a salvo a la vez. Recordaba que aquella última semana de incertidumbre en su vida había llegado allí, donde ahora estaba, y que había permanecido refugiado en una habitación contigua a la de la tía de los Rosales. De ahí salió para nunca más volver. Frente a él, algo más lejos, estaba Luis, su amigo poeta que pertenecía a Falange, y su madre, que permanecía a su lado.

—¿Esperanza? —preguntó a la mujer que tenía más próxima, madre de los hermanos Rosales.

—Soy yo —respondió ella, aproximándose—. Te han golpeado. Nos avisaron y Luis te ha traído. No puedes volver a la Huerta o te matarán. Mira cómo estás.

Federico buscó su reflejo en el espejo que quedaba a la izquierda y comprobó que tenía una herida en la frente y varias en las manos.

—Mi familia corre peligro. No voy a quedarme aquí de nuevo. Volví a Granada para buscar a mis padres y no pienso irme sin verlos. Ocurra lo que ocurra. Ya sé lo que fue que nadie me defendiera.

Esperanza hizo una pausa incómoda, suspiró, reclamó la atención del poeta y se confesó.

—Te pido perdón por haber abierto la puerta a quienes vinieron en tu busca. Nunca pensé que no regresarías y nunca debí haber abierto. No puedes imaginar el miedo cuando te marchaste.

Él se movió incómodo, con unos recuerdos que se resentían en su yo más interno. A cada rato, tomaba conciencia de que guardar y callar no aportaba nada.

—Supe que te opusiste, pero no había más que aceptar el destino. La casa estaba rodeada de hombres armados esperando a disparar. Mi entrega os salvaba. Demasiado habíais hecho. Y sé lo que es esa sensación de miedo. Porque era a mí a quien me temblaban las manos y las piernas, con un nudo constante que me impedía respirar. Salí de esta casa como si hubiera cometido un asesinato.

La madre de Rosales se levantó para acudir a la llamada de su hermana, momento en que Luis, que permanecía de pie mirando por una ventana, se aproximó y, de cuclillas, se acercó a Federico para hablar en voz baja.

—Amigo, escúchame atento —reclamó, a la vez que le tendía un cigarro que le ayudaba a prender con una cerilla—. Me hubiese gustado vernos en otras circunstancias de nuevo, pero debes subir a la buhardilla, como aquella vez, y permanecer allí.

—Luis, no te esfuerces —replicó, mientras exhalaba el humo del tabaco—. No se pueden poner puertas a lo inevitable. Estoy asomado ya a un precipicio oscuro y finito. Asumo que hoy moriré, porque nada cambia. Porque la raíz de la adversión sigue igual en cada esquina y presiento el frío de la muerte sobre mi nuca.

—Te lo dije siempre. La gloria da pocos amigos. Da admiradores y enemigos.

—No eran solo enemigos míos, sino de mis derechos, que también son los tuyos y los que todo el mundo se había dado entre sí. Pero qué más dan los amigos. Nadie pudo salvarme. Dime, como antaño, cuando me contabas por las noches las noticias del día, qué me va a pasar. Sé franco conmigo, Luis. La historia se repetirá. ¿Acaso no estoy en lo cierto?

—Una guerra civil nunca se acaba, Federico. Espera un poco aquí hasta que decidamos qué hacer. Un poco, solo te pido eso. Aquí hay otras normas, pero también hay peligros, y no podría pesar sobre mí que mi familia te fallara dos veces.

—No falláis vosotros dos veces, sino la sociedad que pervive, insolente y egoísta sin reconocer sus errores, por torpeza o avaricia, a pesar de que el tiempo pase. Yo no puedo impedir un pueblo falto de memoria, pues el odio provoca ceguera y nunca nos reconocerían como víctimas de esa atrocidad.

Federico meditó el alcance de las palabras de su amigo y comprendió que lo mejor era ser prudente. Aguardar en aquel altillo a que el tiempo le indicara el próximo camino era la única solución. Nunca pensó que regresaría a aquella casa, que volvería a sentir el mismo peligro y la misma incertidumbre. Luis lo acompañó por las escaleras en silencio y, en la puerta de aquella estancia, le dio un abrazo.

—Espero volver a verte pronto, amigo. Esta vez sí. Haremos porque no vengan en tu busca. Si preguntan hoy, la puerta de esta casa no se abre.

Federico suspiró y aguantó sus nervios como pudo. Vio cómo Luis le lanzaba una última mirada antes de cerrar la puerta de aquel espacio pequeño y frío. Se dejó caer en una esquina, con sus rodillas dobladas esperando a que pasara el tiempo entre una oscuridad casi de luto, solo iluminado por una pequeña ventana, mirando al techo. Allí cerró los ojos, y a fogonazos revivía lo que ocurrió tras abandonar aquella habitación: los golpes en la puerta, la presencia de Juan Luis Trescastro, Ramón Ruiz Alonso y el ingeniero Luis García Alix-Fernández en su busca, decir su nombre, escuchar la oposición de la madre de los Rosales, el ajetreo, el eco de voces en el patio, el miedo de que no había escapatoria, el temor a sus palabras y a su obra, su futuro marcado por unos rifles que apuntaban desde la calle y la certeza de que la entrega sería la única solución. Federico abrió los ojos de golpe cuando sintió un movimiento entre aquella densidad sombría. Hizo un segundo de silencio, hasta que volvió a notarlo.

—¿Quién anda ahí?

Aguardó otros instantes, hasta que comprobó que de la negritud de la habitación, un cuerpo tomaba relieve y sobresalía hacia él.

—No podías irte sin mi encuentro.

Ante él, la figura de Bernarda Alba parecía enorme, y Federico se irguió desconcertado.

—¡Bernarda! —exclamó, mientras miraba aturdido todo el espacio, por si estaba sola o acompañada por sus hijas—. ¿Tú aquí?

—Sí, yo aquí. Nos aparecemos en el último lugar donde nos pensaste, Federico. Y aquí fue el nuestro. Porque te acordaste de tus obras recién acabadas. Y de mí. Por si esta Bernarda había alterado las ánimas de vuestras familias o conocidos, que, viendo verdades expuestas, se tornaron en traidores.

Federico pensó sobre aquella reflexión y sobre aquellos días en los que Bernarda era solo un boceto en su imaginación, cuando aún debía moldearla con palabras y meditaba cómo ajustar la profundidad de sus apariciones. Pero también por todo cuanto reflejaba la obra de aquel momento político y social tan turbio, pues acabó de escribirla dos meses antes de la guerra.

—Cuánto de esta España en tinieblas había en ti, Bernarda. La España del drama de las mujeres en sus pueblos y en sus casas. La España arcaica, de naftalina y de pobreza de espíritu.

—La España del ojo por ojo y el diente por diente —replicó ella—. Del rosario y el crucifijo que cubren de silencio los pecados.

—La España de la envidia, los rencores y el qué dirán.

—La España donde las palabras se deslizan bajo las rendijas de las puertas y los rumores se hacen norma.

—La España que condena el amor y no entiende el desamor. Tú sabes bien de qué hablo, Bernarda. Aunque no quisieras asumirlo. Me dabas incluso miedo cuando te escribía, por cómo te imponías sobre la voz de tus hijas, que ni siquiera yo podía controlarte.

—Las mujeres como yo hemos vivido entre ilusiones y fantasías sin contarnos la verdad. Y la verdad hay que gritarla, aunque duela, para sobrevivir. Debía ser clara. Me desperté, cada día, durante años con un extraño al que no amaba.

—Todos nos hemos equivocado en la vida, a veces, tarde.

—Fracasé como hija, como esposa y como madre. Cuántas mujeres se han ido de este mundo sin haber vivido. Ha sido nuestra cruz.

—¿Estáis todas juntas? —desvió, él.

—No importa para tu camino. Debes seguir, Federico. Sal de aquí antes de que te encuentren, lleguen y la historia de no despedirte de los tuyos se repita.

—Tengo que ajustar cuentas con la muerte, Bernarda.

—Creo que te deben. No dejes que te pisen, ni más dimes y diretes.

—Como tu Adela, sin miedo a nada —lanzó, con una mirada seca a Bernarda.

—Cuánto tuvieron de premonición esas páginas. Tu luto y la España negra que vendría. Y la última palabra que escribiste.

—Un vaticinio.

—«¡Silencio!», dije. Silencio, de tu voz y de tu memoria, es lo que vino.

Federico bajó la vista, tácito, con la percepción de haberse precipitado a veces en sus obras hacia su propio final. Se estremeció solo de recordar algunas frases o versos por su fondo profético, como si él mismo hubiese escrito por impulso la determinación de su vida, y con su firma hubiese actuado como verdugo. Cuando levantó sus ojos, Bernarda ya no estaba allí. No sabía por qué, pero desde hacía ya varios encuentros no salían sus obras desde el corazón. Y no podía entregar a ellas la garantía de su porvenir. Quizás era una mala señal, pensó. Unos golpes retumbaron en la puerta de la casa y se propagaron por el patrio llegando hasta sus oídos.

¡Federico García Lorca! ¡Federico García Lorca!

Su boca se quedó seca y sus piernas comenzaron a temblar. La historia regresaba. Escuchaba su nombre una y otra vez e imaginó cómo estaría todo fuera. La calle rodeada de rifles y miradas dispuestas. De pronto, bajo sus piernas temblorosas, notó una calidez extraña y, cuando miró a sus pies, identificó a una oveja que se removía entre ellos. Percibía en la oscuridad una nueva presencia, con una respiración marcada.

—¿Quién está ahí? ¿Bernarda? ¿Eres tú de nuevo?

Entre la oscuridad, un rostro pálido coronado por flores y un pijama blanco cal, se abrió paso. María Josefa, algo medrosa, fue hacia él para recuperar su oveja.

—Has vuelto y esa bruja de Bernarda no me dijo nada —subrayó, molesta—. ¿Vienes ya para casarte conmigo? Solo busco un marinero que me lleve lejos, hacia el mar y la espuma —expresó la anciana, con un gesto de esperanza que pronto cambió—. Pero..., pero la muerte está cerca, ¿verdad? Yo vivo con ella. No me engañes.

La oveja baló y la anciana se agachó para recogerla, ante otra voz que procedía de la oscuridad.

—Abuela, regresa y abandona las sombras.

La anciana traspasó con la mirada a Federico, quien, sobrecogido, guardó silencio mientras María Josefa daba unos pasos hacia atrás, para desaparecer entre una oscuridad de la que salía una mano que la llamaba a volver. Aquel dorso visible desveló portar un ropaje verde.

—¿Adela? —preguntó.

La joven sobresalió y se dispuso ante él, agitado ante el final pero reconfortado ante su presencia.

—Debo irme, la muerte ronda. Y no quiero nada más con ella.

—No —reclamó—. Déjame solo hacerte una pregunta. ¿Por qué te fuiste a la muerte cuando todos huimos de ella?

—Para descansar del dolor, Federico. Para descansar.

—¿No tuviste miedo?

—Todo el del mundo, pero más miedo me daba tener miedo a no vivir como quería, pues era otra forma de muerte.

El cuerpo de la joven se esfumó entre una oscuridad que parecía engullirla y, de golpe, cayó un cuadro enorme cubierto con una tela que descansaba en la pared. Federico se dispuso a ponerlo en su sitio y, mientras se forzaba a levantarlo, la tela se terminó por desprender. Comprobó que era un lienzo de Jesús en el monte de los Olivos, dispuesto a recibir al traidor. Se persignó, en un recurso extremo o inútil, porque ya no tenía certezas de nada. Pensó en Jesús y en su madre, María. Quizás era la hora de enfrentarse a todo. Aunque fuera con su sacrificio y la entrega de su corazón. Pensó, quizás, que era el momento de dar un portazo a ese miedo. De pie, dio un último vistazo a la habitación. Se abrazó a sí mismo ante el escalofrío que corría por su cuerpo. Abrió la puerta de la buhardilla, bajó las escaleras, atravesó el patio y se extrañó de que no hubiese nadie. Ni sus enemigos ni la familia Rosales. Quizás ellos se habían entregado o quizás lo habían abandonado. Abrió el portón de la casa con la respiración encogida. Con la incertidumbre de la expectativa, salió al exterior. Miró hacia la izquierda. Luego hacia la derecha. Ante él solo permanecía una Granada gris, turbulenta, misteriosa, callada y sin vida. Y retomó, cuesta abajo, en total soledad, aquel camino laberíntico hacia su propio calvario.

Federico alcanzó la Huerta de San Vicente a través del camino de los cipreses, al que dirigía su mirada en alto. Sentía el valor de su simbología. De sus altas y puntiagudas copas hacia las nubes que empujaban a las almas al cielo y de aquellas hojas perennes como garantía de lo eterno. Solo escuchaba el arrastre de sus pies contra la gravilla del suelo y el eco de ladridos de perros. De pronto, notó que alguien estaba oculto tras otros arbustos. Caminó hacia allá y, cuando los apartó, se quedó conmovido ante aquella presencia.

—Angelina, pero ¿qué hace usted aquí?

Ella le miró contrariada, al principio. Luego, cerró algo los ojos para agudizar su visión y, después, se lanzó sobre la cara de Federico para llenarla de besos sonoros. Él se dejó ante la conmovedora criada de don Manuel Fernández-Montesinos, casado con su hermana, Conchita.

—Señorito, que estaba buscándole desde entonces. Mire —remarcó, mientras abría un cestillo que portaba—, que yo fui a llevarle la *comía* al

Gobierno Civil y *usté* ya no estaba. Que llegué tarde. Y mire *usté*, le juro que le llevaba lo mismo del día anterior, un termo con leche, tortilla, un *panecico*, tabaco y pañuelos. Pero todo se echó a *perdé*. Ya no se lo doy, como es normal, pero que vea *usté* que yo fui.

Él se enterneció ante la nobleza de aquella mujer a la que recordaba con afecto.

—Fue la última de la familia que me vio con vida.

—¿Yo, familia? —preguntó, emocionada.

—Así lo sentí siempre.

—Ay, criaturica —expresó, mientras pasaba su mano anciana por el rostro del poeta—. Tan joven te fuiste y tan bueno que eras. No podía decir nada pero salí muy mal de allí. Te vi tan *callaíco*, como un gorrión *asustao*, sin *comé* ni *escribí* ante el tintero y la pluma de la mesa. Un hombre me dijo: «Qué lástima de hijo, que lástima de padre». Y ya no quise escuchar más —concluyó mientras se tapaba las orejas, como hizo en aquel entonces.

—Venga usted conmigo, voy para casa, a buscar a los míos —propuso.

—Ay, no, no, no. Federico, ahí ya no vino nadie desde que te fuiste. No hay nada ni nadie.

El poeta miró hacia su hogar, aún lejano, con un agujero pesado en el estómago que le encogía el alma ante aquella frase. Cuando miró hacia la anciana, ya solo quedaban volutas de humo en el aire. Federico caminó, con la esperanza de, al menos, encontrar a todos sus personajes ante la puerta para hacerles compañía. Pero llegó ante ella y la nada lo rodeó. Solo quedaba la vegetación apagada y una inmensidad de jazmines casi secos. Arrancó un par de ellos, los estrujó en sus manos hasta deshacerlos y se secó las manos perfumadas en su cuerpo.

La casa estaba abandonada. Como quedó cuando su familia se fue, sin ser aún rescatada del olvido. Contempló aquella entrada que fue tan bulliciosa de encuentros, saludos y fiestas; pero que también se transformó en escenario del miedo y la angustia. Quizás asumió, ya no había nada más. Quizás, en su viaje se había equivocado y había tomado un camino a ninguna parte. Había vuelto al lugar del que este sueño de esperanza había partido y regresaba a él con una soledad que lo devoraba. Agobiado y hastiado, Federico se acordó de la rosa negra que le dijo Dolores la Conjuradora, aquellos pétalos que representaban a los suyos. ¿Y si este no era el fin? Quizás existía una mínima posibilidad de que no todo estuviese perdido y de que su familia pudiera volver. Era probable que aún se mantuvieran algunos pétalos unidos al sépalo de la flor. Con aquel hilo de confianza, atravesó la puerta de casa y fue directo al comedor. Nada más entrar, buscó la rosa negra y presenció en ese segundo cómo el último pétalo caía. Y, con ella, su último aliento. Sintió ahogarse, hundido y derrotado. Sobre la mesa había un calendario que marcaba el 18 de agosto. El peor sentimiento de la esperanza muerta se había confirmado.

Caminó hacia atrás, entre la perplejidad y la negación, sin dejar que sus ojos corroborasen lo que no quería haber visto. Abandonó el salón, perdido, sin saber hacia dónde ir. Vio su rostro, como un fantasma, sobre el espejo de la entrada. Y buscó su último refugio, de donde nunca quiso salir. Subió las escaleras con pesadumbre. Llegó a ese dormitorio, el suyo. El que albergó al más íntimo Federico, el más privado, al que nadie veía y en el que nadie podía penetrar. Revisó los dibujos de las paredes. Bordeó con sus dedos el gramófono. Apartó su silla y acarició su fiel escritorio, testigo bruto de sus creaciones, para despedirse de él. Luego, se acercó y se sentó en su cama. Reposó con sus dedos el dibujo estrellado de aquella colcha calada, para distraerse en algo, pero no pudo. Pensó que aquel era el fin. Y, sin poder remediarlo, se derribó sobre su cama para romper a llorar, como un niño perdido y abandonado para siempre.

Habían pasado horas. Dolores la Conjuradora se mantuvo unos segundos ante un Federico que parecía soñar sobre su cama. Descansada bajo el dintel de la puerta, decidió que aquel estado era el mejor para él. Levantó con sumo cuidado el bastón con sus cascabeles y el atrapasueños, con el que había recorrido toda la habitación. Antes de abandonar el dormitorio, volvió a mirar al poeta y dijo hacia dentro un adiós, con la esperanza de que llegase a su ánima antes de tiempo. Después, con sigilo, cerró la puerta. Bajó las escaleras de la casa. Dedicó un último paseo y una última mirada a aquellas estancias compartidas con sus compañeras en sus encuentros. Y luego, cerró la puerta verde de la Huerta de San Vicente para marchar. Avanzó con cierta angustia y sin querer mirar atrás, pero cuando recorrió el camino de los cipreses, sabía que si no lo hacía se arrepentiría. Se giró para ver aquella casa por última vez y se detuvo con un suspiro en el balcón de Federico. Luego, se puso la capucha sobre su cabeza y se alejó de aquella huerta abandonada, mientras guardaba con celo entre sus manos un saquito que contenía los pétalos caídos de la rosa negra. Cinco de ellos pendulaban ahora junto a las plumas del atrapasueños.

¿De dónde vienes, amor, mi niño?
De la cresta del duro frío.
¿Qué necesitas, amor, mi niño?
La tibia tela de tu vestido.
¡Que se agiten las ramas al sol
y salten las fuentes alrededor!

Federico, en su sueño, se removía plácido mientras sentía aquella voz lejana que cantaba con suavidad la melodía dulce de la nana. Como si fuera pura realidad, aquellos versos adormecían y teñían sus sueños, como el niño pequeño que descansa en un remanso de calma y paz.

En el patio ladra el perro,
en los árboles canta el viento.
Los bueyes mugen al boyero
y la luna me riza los cabellos.
¿Qué pides, niño, desde tan lejos?

Federico, con la noción del tiempo y de la realidad perdida, se dejó fluir por la musicalidad de aquella composición. En aquel estado onírico del que no quería despertar, sentía que una mano cálida acariciaba su frente. La voz que le arrullaba le llegó más nítida y sonrió para sí, con los ojos aún cerrados, por evocar al eco de quien lo dormía de pequeño con susurros al oído.

Te diré, niño mío, que sí,
tronchada y rota soy para ti.
¡Cómo me duele esta cintura
donde tendrás primera cuna!
¿Cuándo, mi niño, vas a venir?
Cuando tu carne huela a jazmín.

En aquella pregunta, Federico sintió una llamada y entreabrió sus ojos. Y, ante lo que divisó, pensó que ya estaba en el paraíso. Torpe, con una mano, se frotó los ojos. Petrificado, no sabía si llorar o reír. Casi sin aliento ni palabra, permaneció en silencio con el corazón en el borde de sus labios. Su mentón empezó a temblar. Dos lágrimas, que rozaban sus pestañas, cayeron del rostro de un Federico desbordado. Y tartamudeó, como si fuera la primera vez que pronunciaba la primera palabra de su vida.

—¿Mamá?

Vicenta asintió con contundencia, sentada al borde de su cama.

—¿Mi niño?

Él afirmó con la misma intensidad con la que ella lo acababa de hacer y se aseguró, aún incrédulo.

—¿Mamá?

—Lo soy. Qué otra nana podía cantar a mi niño, en que no preguntara por tu llegada con olor a jazmín. Tu nana de *Yerma*. La mujer sin hijo…, como, al final, me ocurrió a mí.

Federico se terminó de incorporar, agarró su cálida mano y con la certeza de que no era un sueño, se anudó a su cuello como un niño pequeño. Madre e hijo lloraron durante minutos abrazados, sin soltarse, aferrándose el uno al otro, con una mezcla de jadeos y de emociones tragadas. Al rato, cuando tuvieron la convicción de que estaban juntos, Vicenta lo distanció, rodeó el rostro de Federico con las dos manos y lo observó.

—Hijo mío…, tienes el pelo muy largo.

—Mamáaaa… —respondió él, en tono quejoso, para luego soltar una carcajada—. No me puedo creer que lo primero que digas sea esto… ¡O sí!

—Ya lo sé, hijo, disculpa. Pero las madres somos así, ya lo sabes, nos preocupamos por todo. Déjame verte bien… Y esta delgadez… Me recuerda a la misma de cuando nos avisó don Antonio. Si es que ya me dijeron que no comiste nada esos días antes de…

Vicenta paró en seco. No quería pronunciar aquella palabra maldita. Federico puso su mano sobre la de su madre y la agitó, para que se sacudiera aquella sensación y aquella pesadumbre.

—Como siempre, tuviste razón, mamá. Aquellos días, en la soledad absoluta, no paraba de acordarme de aquella carta tuya donde me hablabas del triunfo de las derechas. De que habían gastado millones con las cosas más sucias y vergonzosas que se habían hecho nunca, y que a ver dónde quedaba todo porque «la cosa está fea», escribiste.

—A veces no sé si yo llamé a que ello ocurriera. Y me cargo de culpa. ¿Recuerdas cuando aquel periodista contó que dije: «Si no ganamos, ¡ya podemos despedirnos de España! ¡Nos echarán, si es que no nos matan!»? De veras lo pensé, pero luego siempre me negaba que fuera cierto. Si lo hubiese sabido, Dios bien sabe que habría ido en tu busca y te habría protegido hasta mi fin, pero… Me quedó el consuelo que dicen de que los recuerdos mantienen vivas a las personas. A eso me agarré. No te olvidé ni un momento. Desde que me despertaba hasta que dormía. Hasta en sueños, imagínate. Pero nos acordamos muchísimo de ti. Todos. Siempre te lo dije. Tú, hijo mío, eres el hombre que siempre llevaba la alegría consigo, y eso era tan hermoso que a los que teníamos ya edad, como tu padre y yo..., pues nos hacías mucha falta. Y no imaginas la de cosas y momentos en los que hemos dicho: «Federico diría esto o aquello». Cuando viajabas al otro lado del mundo, por las Américas, ¿recuerdas que te decía que estar tan lejos me aterraba, por si sucedía algo desagradable? Me asustaba y preocupaba por tus lejanos viajes y, al final, lo más desagradable que pude vivir ocurrió cerca... aquí.

Vicenta, que había compartido todo esto con la mirada algo perdida sin dejar de planchar con una de sus manos la colcha y, sin soltar con la otra la mano a su hijo, devolvió la vista a Federico y comprobó sus ojos cargados de lágrimas contenidas. Mantuvo aquel cruce de miradas, y luego solo pudo abrazarlo.

—Mamá, ahora no me sueltes —imploró en voz baja, en su oído.

—Nunca, nunca tenía que haberte soltado. No imaginas mis deseos de achucharte cada día desde el disgusto. Ahora bien —expresó, separándose de su hijo, mirándolo fijamente y con un marcado tono de voz—: Como madre te di alas y aprendí a que te manejaras tú *solico*, pero, criatura..., aunque te parezca regañona, reconoce a tu madre ahora mismo que has tardado mucho en escribirme... ¡Hasta que me llegó aquel avión de papel!

—¡Lo sabía! ¡Lo sabía, mamá! Lo mandé desde este balcón. ¡Tuve la esperanza de que esa carta sí iba a llegar hasta ti! Siempre decías que las cartas acortan distancias. Y me tirabas de las orejas si te escribía tarde. Y si no podía una carta, siempre me demandabas aunque fuera una tarjeta. Por ello, en cuanto me ofreció aquella oportunidad de escribirte...

—¿Ofreció... quién? —interrumpió la madre.

—Doña Rosita.

—¿Doña Rosita? A qué Rosa te refieres.

—Doña Rosita la soltera, mamá. Mi personaje.

—¡Qué dices, primor! Tú, con tus imaginaciones y poesías de siempre, hijo mío.

—No, mamá. Mis personajes existen, lo prometo. Se me aparecieron y... bueno..., no sé si tengo vida o muerte o lo que sea esto en lo que ahora me muevo para contarte todo lo que ha pasado. Me han rescatado entre todas, porque están todas y todos. Ellos también: Pepe el Romano, Don Perlimplín, Doña Rosita, Yerma, Novia, Bernarda...

—¡Calla, calla, ni la mentes! Menudos problemas y angustias los de ese libro. Ya te dije que no lo publicaras. Deja de imaginarte cosas. ¡Ay! —se lamentó, tras una pausa, con un cambio en su tono de voz—. Aunque no importa... Imagina todo lo que quieras, porque me haces sonreír con ese mundo que solo tú tienes en tu cabecita. No sabes la de veces que pensé cuántos personajes latirían dentro de tu corazón en aquel momento, y que murieron contigo.

—Muchos, mamá, muchos. Y yo creo que, de alguna manera, tienen que existir aunque no llegara a terminarlos porque yo tampoco los olvido. Ojalá hubiera otra vida donde poder escribir y darles la historia completa que les fue negada.

La madre apartó unos instantes la mirada.

—Si volvieras a escribir alguna vez y no estamos juntos, házmelo llegar de alguna manera, que muero por saber qué tenías dentro de ti. Pero no con esa letra tuya que nunca puedo leer bien, me lo mandas en letras de molde.

—Pero ¿en el más allá hay imprenta, mamá?

—Ay, si te contara... Oye, ¿te gusta cómo está la casa?

—No está mal, mamá. Tus pañitos siguen por todos los rincones.

—Bueno, este cuarto está bastante más ordenado que cuando eras un torbellino de maletas y pensamientos. —La nostalgia invadió su rostro—. Qué poco valoramos los instantes y, ahora mismo, daría oro por volver a verte ahí. Me parece que ahora te veo en esa mesa, rodeado de papeles con tus historias y personajes. Y, tiempo después, cuando te fuiste, nos daba escalofrío leer cómo entre tus líneas incluso parecías haber escrito lo que te iba a ocurrir.

Él bajó la mirada, incapaz de añadir nada sobre ello, y prefirió que su madre escapara de aquella pesadumbre.

—Lo bonito es que parece que aquí nos recuerdan, ¿no? Hay un señor, con gafas, que tiene las llaves de casa y la muestra a todo el mundo que viene por aquí con interés, porque parece que hay gentes que aún me quieren, mamá, y que me siguen leyendo aunque ya no esté.

—¡Cómo no quererte…! Lo que no puedo entender es cómo pudieron odiarte tanto. ¡Ten cuidado, te vaya a ver ese señor u otros que no deben…!

—No me ha visto nadie, o eso creo. Aunque es cierto que ese señor no me ha pillado, a veces, ¡de milagro!

—Hay que viajar por el tiempo con prudencia.

—Mamá.

—Dime, vida mía —solicitó, entregada.

—¿Cómo se supera, contra la ley de vida, la muerte de un hijo?

Vicenta silenció ante aquella pregunta. Apretó las dos manos de su hijo, desvió la mirada y luego se la devolvió, firme.

—Nunca, Federico. Siempre esperando a que aquella noticia fuera un error y que llegaras por este camino y entraras por esta puerta, y no ocurría, y no ocurría… Nunca se supera, hijo. Solo con la espera de un día como este, en el que verte. Olía tus ropas para recordar tu aroma, y tocaba esta misma cama para sentir tu presencia. Un día me dije que debía pensar que habías hecho un viaje de esos lejanos, al otro lado del mundo, a Cuba o Argentina, y que todo te iba tan bien y que habías triunfado tanto que no podrías regresar. Y esa fue mi única evasión ante el dolor. Pensaba que estabas en un viaje elegido y que estabas viviendo, aún lejos de aquí.

Federico hizo una pausa, y tomó aliento en una atmósfera que parecía falta de ella.

—Tú lo sabías todo, ¿verdad? Y por eso me escribías tanto y me decías que no perdiera el tiempo porque, una vez pasado, no vuelve más. Siempre lo sabías. Cuando me mandabas las cartas no hablabas de ti, sino de mí. Siempre tenías esa intuición de acertar con lo que me ocurriría. Qué tenéis las madres con ese cordón que es un misterio, ese que cortan en el alumbramiento pero que se mantiene por siempre.

Vicenta cambió su semblante a uno serio y vacío, como si a través de su mirada viajara al pasado y a un espacio interior imposible de asaltar.

—Yo supe cuando aquel disparo te traspasó y te mató. Nadie me dijo nada. Ni el lugar. Ni la hora. Pero lo supe. Lo sentí, como si mi latido se hubiese frenado, como si me arrancaran algo por dentro que no te puedo describir. Fue un golpe frío y seco que nunca había tenido. Para el mundo murió García Lorca, el gran poeta. Para mí, un hijo, mi queridísimo Federico.

Él bajó la cabeza, con un sentimiento de pesadumbre.

—Lo siento.

—¿El qué?

—No os debí hacer pasar por esto. Lo que decía, cómo era, la batalla entre el cerebro y mi corazón…

—Escúchame, Federico, para —le ordenó, sujetando sus dos manos con fuerza y forzando a que le mirase—. No fuiste tú. Fueron aquellos que te odiaban. Y no sé por qué hablo en pasado, porque aquella inquina sigue en los herederos de los victoriosos. Los mismos que no soportaban tus triunfos. Los que les revolvía tu humanidad, que fueras mejor que ellos en todos los sentidos. Los que repugnan los hombres libres que hablan por aquellos que no tienen voz. Pero puede ser aún peor. Los mismos que incluso podrían hoy decir que te admiran con una sonrisa falsa pero que, en el fondo, solo buscarían borrarte. Quienes tienen que pedir perdón son los que

lo hicieron. Tú, jamás. Y no tengas duda de que nunca nos sentimos avergonzados de ti, de nada. ¿Acaso tú mataste a alguien? ¿Acaso tú gobernaste sobre alguien y lo condenaste a su desaparición? Siempre hemos estado orgullosos de tu legado. Y no solo de tus maravillosas obras, que han conmovido al mundo entero, sino de ti, de tu ser, de tu bondad, de tu rebeldía, de tu felicidad, de tu entrega en todo, de tu pureza… Te lo repito, todos estamos orgullosos de ti.

—¿Hasta papá? —cuestionó, con lágrimas que se retiraba—. No dejo de recordar que quizás él tenía razón, pues muchas veces su conformidad era resignada, y no feliz, como yo necesitaba. Y si le hubiese hecho caso desde el principio y me hubiese dedicado a lo que él quería, me habría ahogado entre la pesadumbre y el desánimo, y el entusiasmo que tenía ante las cosas, pero estaría vivo.

—O quizás no, vida mía, pues personas de toda condición fueron asesinadas como tú. Pero deja de pensar en papá, es mejor que te lo diga él.

—¿Cómo? —preguntó, escéptico.

—Dame la mano y vente con mamá.

Federico obedeció cuando vio a su madre ya en pie, junto a la cama. Se incorporó por completo y, antes de salir, Vicenta le ajustó la corbata de lazo y el peinado con un «ponte guapo, que te van a ver». Abandonaron la habitación. Madre e hijo no separaban sus manos mientras bajaban la escalera principal de la casa. Él, aún sin poder asimilar que ya estaba con su madre, se dedicó a recorrerla con la mirada y a recuperar aquellas sensaciones que solo ella le daba: su respiración, la suavidad de sus manos, sus curvas maternales, su pelo atado y mullido, su ropa negra o su olor de piel. Cuando traspasaron la entrada, Federico recordó la fotografía de los dos en el diván, junto al piano que por entonces era iluminado por la ventana. Quería detenerla para compartir ese recuerdo y para demostrarle que la casa seguía respirando a ella en cada esquina, con su vajilla seleccionada, con sus paños de puntilla y el gusto exquisito por los detalles. Pero era imposible impedirle avanzar y, sin apenas percatarse, ya estaban en el jardín. Allí, donde Federico ansiaba encontrar al resto de la familia, no había nadie. Vicenta comenzó a llamar a los suyos, confundida por su ausencia. De pronto, unas voces se hicieron sentir como un eco entre la arboleda hasta que, por el camino de los cipreses llegaron corriendo dos mujeres que se fueron a los brazos de Federico.

—¡Conchita, Isabelita! —exclamó, emocionado, antes de abrir más los ojos y ver detrás a su hermano del alma—. ¡Paquitooo! ¡Estás tan guapo como en el estreno de *Yerma*!

Los tres hermanos hicieron una piña delante de la puerta de casa, rodeados por los brazos del poeta. Federico los veía tal y como los dejó, por entonces, o cerca de la treintena o con los treinta ya cumplidos. Tanto tiempo después, aquella imagen imposible, en la que unos hermanos lo hubiesen protegido frente a todo, era ahora una realidad. Vicenta intentaba mantener la fortaleza y se quitaba a prisas las lágrimas de los ojos cuando, desde la distancia, contemplaba embelesada aquel encuentro, hasta el punto de olvidar cualquier horror vivido. Le parecía que el tiempo no había pasado. Que era como uno de aquellos veranos de la Huerta con la felicidad de la normalidad y que, de hecho, así tenía que haber sido el verano de 1936: con sus hijos abrazados a ratos, las peleíllas pasajeras que acababan en risas y el olor a jazmín.

—¿Dónde os habíais metido? Que pensaba que nos dejabais solos —preguntó ella, evitando el sollozo. Paco se percató de la emoción de su madre y la sujetó por los hombros para mostrarle cariño y darle una respuesta convincente.

—Papá, que quería ir a leer los libros de Federico a la Alhambra, y hemos ido con él.

—¿Te quedas ya para siempre, hermano? —preguntó Concha, sin apartarse de abrazar a Federico—. ¿Volvemos todos a la Huerta para siempre?

—Deja de preguntar. Y no lo agobies, Conchita —interrumpió la madre—, que acaba de llegar.

—Tranquila, mamá, yo me haría la misma pregunta—comentó entre risas el propio Federico.

—Si no sé de qué me extraño, ¡que ella y tú sois tal para cual, dos gotitas de agua!

—¿Has venido porque estrenas algo? —preguntó Isabel, con interés—. Sabes que siempre iba a todas tus obras y quiero leer lo que estabas escribiendo.

—No imaginas lo que me gustaría escribir sobre ellas porque... —Federico enmudeció en cuanto levantó la mirada y comprobó, a la salida el camino de los cipreses, la presencia de su padre, quieto. Se desprendió, con sutileza, de las manos y brazos de sus hermanos y caminó hacia su encuentro, erguido y firme por fuera, pero cargado de temblor e inquietud por dentro. Frente a frente, padre e hijo se miraron.

—Siempre quisiste, al comienzo, que fuera otro Federico, papá. Y quizás, de haberte obedecido, nada de esto habría ocurrido.

—Pero nunca hubieses sido tú. Y yo no me hubiese perdonado tener un hijo infeliz. —El padre levantó su mano derecha, hasta alcanzar y acariciar la mejilla de Federico y, llevando la mano hacia su cuello, lo atrajo hacia él para abrazarlo y se acercó a su oído—. Sabía que volverías, hijo. No te vayas más.

La fortaleza de los dos se vino abajo en ese instante, mientras eran observados por sus hermanos y Vicenta junto a la puerta verde de la Huerta.

—Ya que estamos todos…, vamos a descansar un poco, ¿no? —rompió Paco, como alivio ante tanta emoción.

Su propuesta produjo un bullicio general de conformidad.

—Pero ¿qué hacemos? —dudó Concha.

—¿Comer lentejas? —propuso Federico, mientras se limpiaba los ojos y mostraba una sonrisa traviesa esperando la reacción de su madre.

—¡Federico! ¡No seas chinchoso, que sabes bien lo poco que me gustan!

La familia rio a carcajadas ante aquella ocurrencia que relajó los ánimos y que solo podía venir del poeta. Mientras el resto se organizaba, él quedó un rato apartado con su padre, quien le devolvió una mirada cargada de felicidad por el encuentro, pero, a la vez, de pena.

—Ni siquiera todo el oro del mundo de mis tierras hubiese podido salvarte. Te fallamos todos.

—Papá…, tranquilo, hiciste lo suficiente. Ya te dije hace mucho por carta que yo, en Granada, solo escuchaba envidias y canalladas, tonterías y discusiones. Mucho antes de eso…

En un momento, aquella huerta olvidada se transformó en una reunión familiar bajo los árboles, con limonadas de hierbabuena, sillas de enea sacadas de la casa y una mecedora, donde se sentó Vicenta con una caja de fotografías dispuesta a compartir.

—¡Pues no tienen todas nuestras fotografías arriba, en la habitación de matrimonio, que lo han quitado todo y lo han juntado con el dormitorio de la niña... Tienen las fotos ahí, tras unos cristales. Las he quitado y reunido, que aquí hay que poner un poco de orden!

—Y mi dormitorio ya no está, han puesto ahí el piano —comunicó Paco, saliendo de la casa, donde había entrado para echar un vistazo a todo.

—Tampoco está la palmera de la entrada, pero, hermano —sostuvo Isabel, buscando la mirada de Federico mientras jugaba a saltar sobre los bancos de madera de la entrada—, ¿has visto estos bancos nuevos que nos han puesto aquí?

—¡Isabel! Ven aquí, a las sillas. Vamos a sentarnos donde hay que sentarse. Deja eso.

La hija obedeció y, para atraerla, Vicenta le extendía con la mano una primera foto. En ella, el poeta tenía en sus rodillas a su hermana Isabel en la casa de la Acera del Darro, mientras le enseñaba a leer.

—Ay, hermano… —expresó ella con la añoranza de la pérdida de momentos pasados—. Si supieras bien de cuánto me di cuenta después de que me enseñaras. Bueno, sin despreciar a mamá o a papá, que creo que son los mejores padres que pudimos tener para aprender. Pero la de veces que me he acordado también de nuestros juegos, cuando te tirabas de espaldas al suelo para jugar a comadricas.

Federico sonrió con aquel instante, mientras tomaba de Vicenta una foto donde aparecía él con su hermano Francisco, en Madrid.

—Paquito, no te lo vas a creer, pero he visto a los compañeros de la Residencia y tenemos que ir juntos otro día.

Paco reaccionó con una sonrisa y puso su mano sobre el hombro de su hermano.

Concha mostró otra donde ella e Isabel estaban junto con Juan Ramón Jiménez, ante el Palacio de Carlos V.

—¡Y yo estoy recortado en la foto! —exclamó, Federico, quejoso.

—¡Juan Ramón, el mejor de todos los poetas! Bueno, y Machado… Bueno, y tú, mi hermano… —comentó Isabel, jocosa—. Lo que hubiese dado porque vieras a Juan Ramón, que no transigió jamás con Franco.

La madre extendió al poeta una imagen de él, acompañado, en el campus de la Universidad de Columbia. Federico sonrió para sí.

—Yo intentando explicaros cómo era Nueva York y, al final, acabasteis allí. ¡Qué vueltas y azares maneja la vida!

—La de cosas que hablé con Fernando de los Ríos, que nos recogió allí. Tú tenías que haber venido en ese barco —sentenció el padre, con rabia de años contenida—. No dejé de leerte y de ver aquella ciudad con tus ojos, Federico, con todo lo que nos habías contado. La gente nos veía como los padres de García Lorca, pero nadie nos quería preguntar por el dolor de perder a un hijo. De haber podido, aquí nos hubieran quitado a todos de en medio. Me pidieron hasta dinero y tierras. ¡Me quitaron a mi hijo, y me pidieron encima dinero y tierras! Y no me daban permiso ni para irnos, años después. Toda la guerra aquí. Aquella España ya no era España. Por eso en aquel barco hacia Nueva York juré que no quería volver a ver este *jodío* país en mi vida... Y lo cumplí, hasta hoy, solo porque tú estás.

—¡Qué horror cuando un país destruye lo mejor de su cultura! Aquí, antes de que pasara todo, éramos hasta más libres que en América, donde estudiaban por separado hombres y mujeres —remarcó Isabel—. Y claro, yo venía con la idea de don Francisco Giner, de que a la mujer hay que educarla como y con el hombre, porque no van a vivir luego cada uno en un mundo distinto. Y la melancolía de esa ilusión esfumada me acompañó dentro siempre. Fíjate que, a la vuelta a España, hasta formé la Asociación Española de Mujeres Universitarias.

—No te cuenta lo malo, hermano —subrayó Paco—. Hasta que no murió Franco no pudo recuperar su plaza de profesora de instituto.

—Claro, si había que esperar, pues se esperaba. O me admitían roja, como soy, o que no me admitieran. Pero yo no me voy a mover de mi sitio. Donde estaba a los dieciocho años, ahí sigo.

Vicenta siseó, mirando hacia todos lados, ordenando a su hija que bajara la voz ante el miedo de que se escuchara lo que decía, mientras Federico e Isabel intentaban guardar la risa con un gesto cómplice.

—Yo cometí el gran error de desvelarte —interrumpió Concha, con decepción de sí misma y arrepentimiento—. Se me escapó, pero pensé que se iban a llevar a papá, y yo...

—No hablemos de eso, Conchita —solicitó Federico—. De qué sirven ahora los lamentos.

Isabel, que hasta ahora se había mostrado más alegre, cambió el gesto.

—Aún recuerdo el teléfono negro balanceándose en la pared de casa, tras yo cogerlo y escuchar que te habían matado. Mi vida se paró ahí. No podía hablar. No podía llorar. Me preguntaban y no podía responder. ¿Para qué? Todo había terminado. Pensar en papá y en mamá me empujó a continuar. El crimen era verdad. ¡Maldito sea! —confesó Isabel, aterrada de nuevo por aquel momento.

—Papá siempre te recordó —compartió Francisco—. Y hasta su final escuchaba la radio para saber si los aliados habían desembarcado ya en Europa. Es que luego, hermano, hubo otra guerra. Más horrores y miedos, en todo el mundo. Tu poesía nunca hubiese sido igual después de aquello.

Federico, atento a cuanto escuchaba, asintió convencido de la opinión de su hermano.

—Y luego se esforzaron en dar a entender que lo tuyo fueron rencillas personales, odios y envidias de Granada... ¡Por favor! —exclamó el padre, molesto.

—Bajad la voz —repitió Vicenta, sin que le atendieran.

—Quizás, por cómo fui y por cómo era...

—A nosotros lo que sintieras o cómo fueras siempre nos dio lo mismo, Federico. Bien lo sabes, porque además era un tormento para ti que no querías compartir, aunque lo sabíamos. Eras nuestro hijo, eso por delante de todo. Y orgullosos de ti. Y sí. Rencores y envidias te tenían muchos mediocres, que ya se encargaron de agitar e instigar. Envidia de no ser como tú, pues tu nobleza al lado de la suya les hacía sombra. El problema siempre fue lo que pensabas. Si hubieses sido de tu condición y de derechas, como otros que había en silencio, ya te digo que no te habrían asesinado. Pero eras tú, el que hablaba de los pobres, el que pedía cultura para pensar, el que reclamaba libertad, el que escribía *Yerma* o *Bernarda Alba*. Lo tuyo fue un crimen político. No hay que dejar de repetirlo. No hay que prestarse a confusiones intencionadas.

—No te puedes fiar de nadie —sentenció Paco—. Yo no paré de decir tras tu marcha que te refugiaste en casa de un falangista y que por algo fue esa elección. Si no hubieses sentido de dónde podía venir la muerte, ¿por qué habrías corrido a refugiarte? Esta simple pregunta responde a la razón, es decir, a la locura de tu muerte: el impulso terrible que por motivos políticos, en diferente grado, tantas víctimas produjo en Granada.

—Yo recuerdo aquella reunión de Federico, papá, mamá… La recuerdo como si fuera ahora. Y la casa de los Rosales nos pareció la mejor decisión después de muchas vueltas —sostuvo Concha.

—Si Luis me ofreció ir a zona republicana, pero entended que yo no podía… Si me marchaba, mamá o papá habrían padecido ese horror, y ese temor a que ellos pagaran por mí me retenía.

—Pues tú pagaste por mí, por Fernando de los Ríos y por todo a quien defendiste.

—Padre, al fin y al cabo, todos pagamos o por alguien o por nosotros mismos —apuntó Federico—. ¿Y por qué no podía ser yo? Un ser humano como cualquier otro… Las calles de Granada se convirtieron en una ratonera, donde cazaban a cualquier vecino por la sed de venganza.

—¿Cómo se pudo llegar a esto? —lanzó la madre, casi al cielo, con desesperación.

—Ya decía que, mientras se hablara solo de reivindicaciones económicas y no culturales, el Estado solo crearía esclavos de una terrible organización social —manifestó Federico, con rotundidad—. El hambre, ese agujero en el estómago, es la mejor arma para quienes quieren corromper las almas y los corazones de bien. Como buitres huelen a distancia a quién le ruge la barriga y allí van, a corromper y envenenar sus ánimas, a usarlos en su beneficio y, así, apoderarse de su libertad. El hambre es tan perversa que te agarras a la maldad por un plato de patatas cocidas. Por eso no me cansaba de repetir que, cuando se acabara con el hambre, sería el día de la Gran Revolución. Yo he visto la angustia de un mar con todos los peces atados por cadenitas a un solo punto, sin conciencia.

—Ese es el motivo por el que muchos que quisieron salvarse se traicionaron a sí mismos —sumó Paco.

—Traicionaron por un plato de lentejas y condenar su alma al infierno —sentenció el padre—. Pero nadie estuvimos a tu altura. Me castigo por ello cada día.

—Padre, se hizo lo que se pudo —comentó Paco, templando los ánimos de su progenitor—. Peores fueron quienes se vendieron a esta atrocidad.

—Yo me negué a renegar, que luego hemos visto a cada uno… —apuntó Isabel—. Nunca me gustaron esos viejos que de jóvenes eran muy de izquierdas y luego, cuando pasaron los años, se volvieron muy conservadores. Me da mucha grima. No he querido ser una vieja de ese tipo, así que luego fui más radical que cuando tenía veinticinco años.

Todos guardaron silencio, hasta un meditabundo Federico que, para sí, ordenaba sus pensamientos y sus sentimientos mezclados, hasta que rompió aquel clima de pausa ante la cantidad de asuntos pendientes que se le agolpaban muy dentro.

—Fuera lo que fuese, permitidme hablar… Solo quiero que sepáis que no dejé de pensar en cada uno de vosotros hasta aquel disparo. Porque os debo todo lo que soy y lo que fui. A ti, mamá, te debo la poesía y la inteligencia. Papá, de ti heredé la pasión por las cosas y… ¡aprender Derecho! Nunca te lo confesé, pero quizás me rebelaba ante esa materia por ver cómo había leyes injustas que pisoteaban a los más vulnerables y que vaciaban de espíritu sus almas. Aunque sé que me dirás que otras leyes podrían haber ayudado al hambriento, pero yo lo cambié por las letras. Aquel Derecho tuyo me hizo darme cuenta de la sinrazón de un mundo que se rige por normas frías, que tantas veces no contemplan ni la humanidad ni el corazón. La poesía era lo único con lo que quería hacer justicia ante las almas apagadas.

Vicenta recogía lágrimas de su rostro mientras escuchaba a su hijo hablar.

—No había nada más bonito que escucharte, hijo mío —replicó el padre, quien se apresuraba a sacar un pañuelo de tela para secar sus ojos humedecidos.

—Hermano —requirió Paco—, yo indagué y avisé a todos de que habías dejado un texto a medio escribir, una *Comedia sin título*, y quise leerla a mamá, pero se negó a escucharme.

—Porque eso solo podía escucharlo en boca de él y él ya no estaba.

—¡Hoy sí estoy! ¿Me dejas que recuerde unos segundos y te recite el comienzo de la obra? ¡Porque empezaba hablando el autor!

El rostro de Vicenta se iluminó y las hermanas insistían entre las dos en que lo hiciera. Federico cerró los ojos, no esperó más y se lanzó a recobrar todas aquellas palabras:

> Señoras y señores:
>
> No voy a abrir el telón para alegrar al público con un juego de palabras, ni con un panorama donde se vea una casa en la que nada ocurre y a donde dirige el teatro sus luces para entretener y haceros creer que la vida es eso. No. El poeta, con todos sus cinco sentidos en perfecto estado de salud, va a tener, no el gusto, sino el sentimiento de enseñaros esta noche un pequeño rincón de realidad. Ángeles, sombras, voces, liras de nieve y sueños existen y vuelan entre vosotros, tan reales como la lujuria, las monedas que lleváis en el bolsillo, o el cáncer latente en el hermoso seno de la mujer, o el labio cansado del comerciante. Venís al teatro con el afán único de divertiros y tenéis autores a los que pagáis, y es muy justo, pero hoy el poeta os hace una encerrona porque quiere y aspira a conmover vuestros corazones enseñando las cosas que no queréis ver, gritando las simplísimas verdades que no queréis oír...

La voz de Federico inundó toda la Huerta y los corazones latentes de su familia, que asistían emocionados a su interpretación. Cuando acabó, todos rompieron en un aplauso que, para el poeta, cubrió sobremanera la ausencia de la ovación que debió sonar en los teatros en el estreno que nunca tuvo lugar con él.

—¡Dónde habrías llegado de haber seguido escribiendo! —exclamó Isabel.

—¡Un Nobel para ti, seguro, por romper los esquemas de la literatura! —sostuvo Concha, emocionada.

Federico abrazó a su hermana antes de hablar.

—Siempre dije que hay que ser audaces y valientes. Lo mediocre y el término medio es fatal.

Su padre, embelesado, quiso declararse.

—No podía impedirte ser poeta, hijo mío, cuando sabes declamar y entonar con tanta sabiduría.

—Ya lo sabéis. Me viene de escuchar a mamá cuando nos leía *Hernani*, de Victor Hugo, en la gran cocina del cortijo de Daimuz ante jornaleros y criados.

—Ahí, pienso, aprendiste que la literatura podía cambiar el mundo de los más humildes —apuntó Concha.

Federico asintió.

—Y yo, tan pequeño, parecía no enterarme de nada, pero sí. Porque el drama poético me impregnaba por dentro mientras recitabas, mamá. Lo que yo daría por escucharte de nuevo leer.

—Por ahí debe andar, en el salón, aquella edición que compró tu padre encuadernada en rojo, con ilustraciones y los cantos dorados —sugirió Vicenta.

—¡No me digas más, mamá! Esperadme, en su busca voy, ahora vuelvo con él para que me leas.

Federico se levantó, mientras la familia quedaba junta comentando otras fotografías. En el camino hacia el interior de la casa, Paco le paró. Se le acercó, cómplice, pero con cierto temor.

—Hermano, ¿y esos cipreses a la entrada de la casa? Los nuestros, que había uno por cada uno de nosotros dos… ¿por qué falta uno?

—Falto yo.

—¿Por? —preguntó, incrédulo ante aquella reacción.

Federico se encogió de hombros.

—El odio hacia mí lo arranca cada vez que se planta de nuevo, Paco.

—¿Aún hoy? ¿Todavía?

—La historia se repite porque siempre la cuentan los vencedores. Acaso, pues, cómo se justifican determinados silencios hoy. Cómo entender, entonces, el vandalismo hacia mis recuerdos. Cómo explicar aún a los que hablan en voz baja sobre mi asesinato con temor a ser escuchados. Una vez que el odio se siembra, crece... si se sigue regando.

—Nunca pude imaginar tampoco tantas puñaladas por la espalda de quienes considerábamos amigos, hermano. Hay pérdidas de confianza irreparables.

—Sus actos los definieron a ellos, no a mí. Me fui en paz, Paco, pues era consciente de haberme entregado de más a muchas personas que no lo merecieron. El dolor de la traición rompe lazos y el alma. Hay personas a las que la lealtad les quedó demasiado grande.

—Ten cuidado, incluso aquí —le advirtió Paco, mientras le apretaba el brazo con fuerza, para que sintiera su apoyo.

Federico asintió y, mientras su hermano se unía al resto de la familia, se encaminó hacia el comedor. Entre los muebles, empezó a buscar el libro de Víctor Hugo de forma precipitada, abriendo y cerrando cajones y otros espacios, hasta que dio con él. Cuando iniciaba el regreso hacia el exterior, unas hojas dobladas cayeron al suelo del interior del libro. Las recogió, las desplegó y las revisó por encima rápido, pero tuvo que sentarse ante el ahogo que sintió al leerlas. Eran recortes de prensa recientes, y sus ojos se clavaban en algunas de las frases o palabras subrayadas a lápiz.

«Informe redactado en 1965 por la Jefatura Superior de Policía de Granada.»

«Masón perteneciente a la logia Alhambra en la que adoptó el nombre simbólico de Homero.»

«Tildado de prácticas de homosexualismo, aberración que llegó a ser voxpopuli.»

«Conceptuado como socialista por la tendencia de sus manifestaciones y por lo vinculado que estaba a Fernando de los Ríos, como también por sus estrechas relaciones con otros gerifaltes de igual signo político.»

«Ramón Ruiz Alonso.»
«Inmediaciones del lugar conocido como Fuente Grande.»
«Fue pasado por las armas después de haber confesado.»
«Heridas por hecho de guerra.»
«Don Gabriel, esta mañana hemos matado a su amigo, el poeta de la cabeza gorda.»
«Juan Luis Trescastro.»
«Acabamos de matar a Federico García Lorca. Yo le metí dos tiros en el culo por maricón.»

Para entonces, Federico, con la mirada hacia la nada y roto de dolor, dejó caer aquellos recortes al suelo. Leer aquellas excusas con las que la dictadura justificó su asesinato le revolvió hasta la náusea. Aquellas palabras no paraban de superponerse unas sobre otras en su memoria y rebrotaban una y otra vez. Conmocionado y con un sentimiento vacío, se incorporó y caminó como un espectro sonámbulo para salir al jardín con su familia. Necesitaba hablar de aquello con los suyos, llorar y comprender. Pero, cuando llegó fuera, ya no había nadie. Se asustó aún más. Ahora no sabía si aquel encuentro con su madre, su padre, su hermano y sus hermanas había sido producto de un sueño, de la imaginación, una alucinación o algo más complejo como respuesta a la ansiedad que aumentaba en su interior.

Tenía ganas de llorar. Se sentó en la silla de enea donde hacía unos minutos estuvo su padre y se detuvo, asustado, en una ya noche precipitada y sin luna, apenas iluminado por unas tenues luces de la casa de la Huerta. Ahora, ya, no sabía hacia dónde caminar. El día había terminado y parecía que, con él, aquel viaje. Nadie le acompañaba. Ni su familia ni sus personajes. De nuevo estaba terriblemente solo. Revisó todo el paisaje y comprobó que, a la entrada del camino de los cipreses, había una chaqueta en el suelo. Reconoció que pertenecía a Paquito. Aquello era la certeza de que ese encuentro no había sido irreal. Si se habían marchado, debía ser por algún motivo o algún peligro.

Acelerado, y con la chaqueta en mano, avanzó por el camino de los cipreses. Nada más recorrer pocos metros, notó que pisaba unas cenizas, entre las que adivinó hojas quemadas de sus libros. Su corazón se precipitó.

Siguió andando, en un trazado que se tornaba más oscuro en su avance. Como sombras lejanas, adivinó la presencia de sus mujeres, aquellas a las que no pudo entregar su manuscrito original, que mantenían un rostro angustiado, ausente, como cercano a la desaparición y a la muerte. Federico hizo el ademán de acercarse, pero cada vez que daba un paso, la burbuja recluida en la que ellas estaban se alejaba también. Y así repitió una y otra vez el intento hasta que sus personajes, casi agónicos, alzaron sus manos en alto y se esfumaron entre la oscuridad. Solo le quedaba avanzar en el único camino permitido, que se tornaba tan lóbrego que transitó prácticamente a ciegas.

Escuchó, de fondo, el susurro de una voz: «Vais a matar a un genio». Y ante aquella sentencia y el ruido de sus pies cuando rozó una tierra seca, paró. Con su retina adaptada a la oscuridad, identificó un paraje frío y aterrador, que le recordaba a lo más sombrío de su vida. Llamó en voz alta a su madre, a su padre y a sus hermanos. Nadie respondía. Ni siquiera los perros. Ni siquiera las cigarras del campo. Buscó a su luna, que también había desaparecido del cielo. Todo lo que le rodeaba era el negro de un luto inabarcable.

De pronto, sintió que unas luces intensas lo cegaban. Federico, sobresaltado, dirigió su vista hacia el foco que lo iluminaba, cubriendo con su mano la frente para esperar que sus pupilas se adaptaran de nuevo y pudiera ver algo con más nitidez. Y fue entonces cuando se heló su corazón. Eran las luces de dos coches. A su lado, un olivo y, tras él, un pelotón de fusilamiento cuyas camisas negras se camuflaban con el fondo. No quería recordar todo aquello. No podía. Prefería que le mataran ya de un disparo antes de revivir aquella tortura a la que fue sometido.

—¡Federico García Lorca! —dijo una voz rotunda e identificable para él.

Federico dio unos pasos hacia atrás, cuando su talón perdió parte de apoyo. Temió perder el equilibrio y comprobó que, tras él, se abría una pequeña fosa. Su pecho, su estómago y su garganta se cerraban. Con las lágrimas y el aliento contenidos, decidió hacer frente con lo que supo siempre; sus palabras.

—¿De qué se me acusa? —preguntó, como pudo. No hubo respuesta, salvo el sonido de cargar las armas—. ¡Nada! ¡No me podéis acusar de nada! ¡Ni a mí ni a quienes matasteis conmigo! Pues la libertad de pensamiento no podéis silenciarla, como tampoco pueden callarse vuestros delitos.

—¡Federico García Lorca! —repitió aquella voz contundente, que hacía eco en el cielo de Granada, a la vez que el reloj de una iglesia lejana marcaba tres cuartos de las cuatro de la mañana.

—¡Antes de disparar, dejadme hablar, pues me robasteis mi juicio y mi defensa! —jadeó—. ¿Yo, masón? ¿Yo, revolucionario? Yo solo puedo combatir con las palabras. Y eso es lo que os aterra, pues un pensamiento puede derribar toda vuestra violencia. Quizás sea culpable, pero solo ante vuestra ceguera y vuestros corazones inertes. Quizás ante vuestros ojos, que convirtieron en amenaza la revolución silenciosa de los libros y del teatro. Qué más da lo que fuera, ni yo ni quienes murieron conmigo. No importa ya. Nada importa. Ni siquiera morir de nuevo, porque tampoco entendéis que, igual que el aire es inmortal, la memoria también lo es frente al olvido. Mi cuerpo y alma dispongo en la tumba de la noche, con luz sepultada, pues el albor quemaría los ojos de cualquiera ante vuestros horrores y la putrefacción de vuestras acciones. —Federico hizo una pausa e intentó que su vista se afinara hasta creer identificar a alguno de sus verdugos—. Quienes estáis ahí detrás sois iguales que yo, con un corazón, unas manos y un cuerpo que os sostiene…, pero no somos iguales, pues yo sería incapaz de empuñar esa arma ni para disparar a un gorrión o cazar a una mariposa. ¿Qué fue de vosotros? De vuestros corazones convertidos ahora en espinas y enjambres furiosos. De vuestras lenguas sucias que solo lanzan cieno. ¿Qué fue de aquellos de vosotros que de niños jugasteis conmigo en los patios del pueblo, en los ríos y en las acequias? ¿Os acordáis de cómo luego me mirabais con esos ojos que ahora ocultáis tras el fusil caliente, con olor a muerte? Nada de aquello queda sobre vuestras espaldas, salvo el peso de vuestra conciencia.

Notó un golpe seco sobre su cabeza, sin percatarse de que a su lado uno de los miembros del pelotón acaba de golpearle con la culata del fusil. Se llevó la mano a su cabeza y comprobó, tembloroso, que sangraba. A la vez, sintió un pitio agudo y un vacío en sus oídos que le devolvía el eco distorsionado de los gritos e insultos hacia él en aquella terrible noche del pasado. Intentó silenciar aquellas palabras que volvían a traspasar su alma, para mirar de nuevo a aquel pelotón y dirigirse a él por última vez:

—Repetís la tortura y el ensañamiento como escarmiento por la libertad de mis palabras y actos. Las guerras nacen de odios como el vuestro, que matan al otro porque en vosotros ya no hay sangre. Acabad ya conmigo, pues aquí tenéis esas manos que consideráis tan peligrosas porque escriben las verdades que no queréis escuchar. Aquí tenéis esta cabeza de la que brotan esas fantasías o certezas que os irritan, rebelan y corrompen. Vuestras acusaciones sobre mí las llevo con orgullo, pues son la libertad del ser humano. A vosotros me entrego de nuevo, cual historia que se repite por no aprender de sus errores en el juicio del tiempo. Matadme a mí. ¡Hacedlo! Pero sabed que no será vuestra victoria, pues ninguna bala podrá matar la memoria.

Federico sintió cómo una de las sombras le golpeaba de nuevo con el fusil y los insultos que se lanzaban contra él se repetían en sus oídos de forma solapada, como una tortura añadida. Con aquel nuevo golpe, cayó a la fosa poco profunda. Tembloroso, recuperó su fuerza hasta ponerse de pie dentro de ella, desafiante, con la respiración contenida y cortada. Las luces del coche se apagaron para ocultar la atrocidad del crimen. Y Federico esperó... Esperó a escuchar el paso al frente. A escuchar la carga de las armas. A escuchar la última orden. A notar el roce del dedo con el gatillo. A escuchar retumbar su acelerado corazón. Cerró los ojos y esperó. Hasta que los disparos rompieron el silencio de la noche que aguardaba la raíz del grito. Tras un segundo, solo se le escuchó decir: «¡Aún estoy vivo!». Un cuerpo oscuro se acercó al pie de la fosa con otra pistola y lanzó dos nuevos disparos. Y Federico esperó que su corazón desbocado se parase y evaporase el hilo de su vida para siempre.

Llevó la mano derecha a su pecho para sentir sus últimos latidos... Y, a su compás, la memoria le trajo los más bellos recuerdos de su vida: la mirada del verde de los chopos, el juego con el agua del río, los primeros pasos en Fuente Vaqueros, las risas con sus hermanos, los juegos con la nodriza, el sonido de las cigarras y el tacto con los trigos, las manos seguras de papá, el aire en la cara por la velocidad de un tren hasta Madrid, el bullicio en la Puerta del Sol y las Ramblas, el corazón que cabalgaba ante el amor, el pulso acelerado de la inspiración tempestiva, el olor a sal y mar de Cadaqués, el aroma a madera y barniz de las tablas del teatro, el beso furtivo y el éxtasis del sexo, el atardecer de Granada, el olor a jazmín, las notas de un piano, la escritura en su mesa... y los brazos cálidos de mamá. Y allí se quedó. Sintió reducirse con sus ojos cerrados en aquel espacio seguro hasta perder la noción del tiempo. El mejor refugio para templarse, para dejarse ir. Como el embrión que regresa a su origen. Un silencio sepulcral pareció congelar el tiempo y sellar su historia para siempre.

Hasta que, cuando todo parecía haberse parado, el sonido de unas luciérnagas rompió el silencio. Y un nuevo latido, tímido, empezó a brotar. Abrió los ojos, con su mirada hacia el cielo, y de su negrura se expandieron unas estrellas vibrantes. Luego, percibió una bola blanca difusa, algo más intensa, de origen incierto y flotante, que le proporcionó la luz suficiente para comprobar que la tierra estaba seca, sin su sangre. Empezó a sentir una música lejana de violines y piano. Como pudo, angustiado y tembloroso ante lo inexplicable, Federico se incorporó, salió de la fosa y, ya fuera, se quedó petrificado ante lo que veía. Todo era ahora diferente. El polvo del plomo de las balas permanecía suspendido en el aire. Aquellas armas que le habían amenazado caían al suelo convertidas en rosas. Y de los cuerpos de aquellos asesinos y torturadores, junto con aquel vehículo, solo quedaban ya volutas de humo. En su lugar, veía el rostro de Agustina, de Manuel Fernández Montesinos, de quienes fueron fusilados aquella noche con él y, detrás, incontables personas asesinadas en la guerra. Y, más atrás, como si se abriese otra dimensión, personas irreconocibles pero de otra época, más reciente, que lo acompañaban. Impertérrito ante aquella escena, notó que aquel halo misterioso flotante entre la oscuridad proporcionaba un tímido calor en su espalda. Volvió a girarse ante todas aquellas personas que permanecían ante él en silencio.

—¿Qué ocurre? ¿Quiénes sois?

Entre aquellas sombras, sintió el sonido de unos cascabeles agitarse. El cuerpo de Conjuradora se abrió paso y, tras ellas, todos sus personajes salieron ante él. El poeta deslizaba una mirada de ilusión pero, a la vez, de incomprensión y estupor.

—Has llegado al corazón del sueño, Federico. A las semillas de tu sueño.

—¿No he vuelto a morir, Dolores?

—Como soñaste, quienes murieron contigo te salvaron forzando disparos al aire y matando a aquella noche. Testigo de ello, el pueblo, hoy. Cada uno de ellos recuerda y sostiene tu memoria. Y esa, la memoria, es la única que nos devuelve a la vida siempre. Eres el poeta del pueblo, amigo. Te ha salvado tu pueblo. El odio, cuando es acorralado, muere, pues su antídoto solo puede ser la humanidad. Has conseguido que se unan el mundo de los vivos y de los muertos, el real y el imaginario, pues tu recuerdo y tu legado unen a todos, y ese recuerdo es una forma de justicia. Has creado tu propio universo. Y los creadores de universos nunca mueren ni pueden ser olvidados. Es la hora de permanecer.

El poeta sonrió, a la vez que temblaba su barbilla, emocionado y sobrepasado ante lo que observaba. Reflexionó unos segundos, intentando comprender el alcance de todo ello.

—¿Adónde voy?

Dolores la Conjuradora agitó su vara con los sonidos de aquellos cascabeles y del atrapasueños. La alzó al aire y luego la dirigió hacia aquella bola flotante y blanquecina tras la espalda de Federico. De pronto, aquella luz central creció a lo alto y a lo ancho y abrió a sus pies un camino sobre el que empezó a adivinar sombras más blancas aún, que, conforme avanzaban hacia él, desvelaban su rostro: Xirgu, Dalí, Bello, Buñuel, León, Maortua... Todos se situaban hasta formar un pasillo de bienvenida. Casi al fondo, Falla tocaba flojo al piano con otros músicos del *Rinconcillo,* con violines, y la Argentinita le esperaba con una sonrisa. Y más allá, viniendo hacia él, sus hermanos, su padre y su madre.

—Ven, hijo —reclamó ella desde la distancia, con una sonrisa nerviosa cargada de lágrimas—. Ya estás a salvo. Nadie te olvidará.

Federico sonrió, aturdido y emocionado, y devolvió la mirada hacia Dolores.

—Las luciérnagas que nos rodean han traído luz sobre cada uno de tus libros recuperados. Y las estrellas que han roto el cielo son los personajes que estaban en tu mente pero no pudiste escribir. Ahora ya podrás. Ya no eres un alma atrapada. Los viajes terminan, Federico. Quienes ahí te esperan te dan la bienvenida, y el resto nos despedimos de ti. Como siempre debiste irte, con el cariño de todos. De esta casa saliste y aquí tenías que renacer.

En ese momento, la puerta verde de la Huerta se abrió y, entre la oscuridad interior, el cuerpo de Juanjo empezó a ser iluminado. El conservador, asombrado ante lo que presenciaba, se acercó con paso tímido, pestañeando, retirando sus gafas para volverlas a poner tras frotar sus ojos, y luego echó hacia atrás su flequillo, mientras llevaba sus manos a la cabeza. Caminó varios metros hasta situarse a una distancia prudencial pero cercana con el poeta. Federico lo miró, lo identificó de inmediato por aquellas fotos y aquellos recortes, y esperó su mensaje.

—Descansa en paz, Federico —expresó Juanjo, con lágrimas en sus ojos—. Vuelve cuando quieras. Esta es tu casa.

Las lágrimas del poeta resbalaron por sus mejillas.

—Aquí me quedo, pues aquí dejo mi alma y mi corazón —expresó, sonriendo por última vez, tras alzar su mano ante todos—. Debo irme. ¡No imagináis el inmenso amor que, ahora sí, llevo conmigo!

Federico sostuvo su mirada emocionada unos segundos más, caminando hacia atrás, sin perder el contacto con todas aquellas personas que le habían salvado y reparando, a la vez, en cada uno de sus personajes presentes: su Adela, su Novia, su criada, Belisa, Bernarda, doña Rosita... Se giró, conmovido y con ojos temblorosos. Miró al frente, al camino de luz blanca con los suyos, y avanzó hacia él. Al borde de entrar, volvió a mirar hacia atrás, apretó su mano sobre su corazón como agradecimiento, y entró en aquel nuevo espacio que, nada más pisar, transformó su cuerpo en una sombra blanca y pura más. «Ya estoy, mamá, ya no me iré nunca». «Ven que te ponga bien la pajarita, mi niño», se escuchaba la voz de Vicenta, entremezclada con los saludos de todos aquellos que le daban acogida. Y mientras aquel murmullo de voces intenso cubierto por música se desvanecía, del jardín brotaban nuevas rosas blancas y jazmines, a la vez que los espíritus y la luz se evaporaban con los primeros rayos de sol que iluminaban, ya para siempre, la vida, la memoria y el recuerdo eterno en La Huerta de San Vicente.

HUERTA
DE S. VICENTE
Nº 6

EPÍLOGO

5 de junio de 2023. 17.00 de la tarde
Huerta de San Vicente
Habitación de Federico García Lorca

—¡Quiero salir, quiero salir…!

—¿Quién es? ¿Quién escribe por mí en esta página?

—¡Soy yo, Federico!

—¿Federico? ¿Cómo puede ser?

—En mi mesa estás escribiendo, y solo puedo renacer un día como hoy ahí, como mis personajes hacían. Ya no puedes escribir nada de mí, ni una línea, pues cuando nos adueñamos de la historia nos desatamos y andan por los aires la verdad y la mentira, el hambre y la poesía.

—¿Cómo tengo la certeza de que seas tú?

—Porque solo tú me has escrito cada 18 de agosto, como la llegada de una brizna de hierba.

—¿Has leído mis cartas allá?

—Los tuyos me las trajeron.

—¿Están bien?

—Felices de verte levantar el vuelo, Ana.

—¿Me perdonas lo del libro?

—Nada que perdonar, cuando siempre has regresado y con cada recuerdo me has devuelto a la vida. No me gustan las despedidas.

—Las despedidas duelen, pero ¿sabes qué es peor aún? Que todo esto sea fantasía y literatura. Que nadie pudiera salvarte. Que no hubiera disparos al aire. Que, en verdad, esto sea una fábula para sobrellevar tu ausencia y tu injusticia.

—Si lo que escribimos traspasa, reviven los recuerdos. Porque la literatura, como la poesía, se levanta del libro y se hace humana. Y al hacerse, habla y grita, llora y se desespera.

—Y, a partir de ahora, ¿dónde te encuentro?

—Siempre estaré en mis obras.

—¿Y si eliminan tus obras?

—Estaré en cada mirada a los chopos, en la Residencia de Estudiantes, en la estación de Madrid, en Cadaqués o las Ramblas, en los versos, en las canciones de cuna vivas y llenas de latidos, en mi risa de niño, en los dulces de las monjas refugio de la emoción de la historia, en las calles de Granada, en el gori-gori de las campanas de la iglesia, en el relincho del caballo, en las tablas del teatro, en mi mesa donde estás o en las rosas que marcan el tiempo.

—Y si todo eso desaparece, ¿dónde te encuentro?

—En la memoria.

—¿Y si este país te borra de su memoria?

—Siempre estaré en un lugar imbatible: en tu corazón.

—Así lo creeré.

—Debo irme. Quiero dormir un rato, un minuto, un siglo, pero todos sepan que no he muerto. ¡No me olvides, Ana! ¡No me olvidéis!

—¡Nunca!

AGRADECIMIENTOS

Toca poner punto final a una etapa.

Gracias a Javier Zaldúa, Javier Ortega, Vanessa Borrell, Lola Escudero, Irene García, Vanesa Hereu, Bárbara Burani y a todo el equipo Lunwerg y Planeta por acompañarme en esta aventura, sumar en esta trilogía y darme tan buenos momentos con nuestros lectores y lectoras.

A todas las librerías y a sus responsables, por su colaboración y su trabajo.

A los autores y autoras que me han servido para investigar más sobre la obra de Federico.

A Belén, por ese libro de Vicenta Lorca que me ha regalado emoción y seguridad.

A Carmen y a su madre, por traerme recuerdos de Valderrubio/Asquerosa y la esencia de las raíces familiares.

A Juanjo, por poner luz entre la lluvia, por hacerme sentir la Huerta como un hogar, por ser guía especial en este libro y en esta trilogía, y por devolverme a la esencia de Federico con su compromiso.

Gracias a las personas, amigas y amigos, que han estado conmigo en esta trilogía que ha sido también un desgaste personal y de salud, en circunstancias nada fáciles. Saben realmente quiénes son. A mi familia, mi madre, mi padre y mis hermanas, por escucharme, comprenderme y cuidarme cuando yo no lo hago.

A quienes habéis confiado en esta trilogía, por haberla leído, por vuestros mensajes de apoyo, por no soltarme de la mano y por emocionarme con vuestras experiencias de lectura. Sin duda, sois lo mejor de todo este esfuerzo. Sin vosotras y vosotros, todo hubiese quedado en nada.

A mi Federico, siempre, por ser refugio, por ayudarme a superar deslealtades y avanzar siempre con alegría, «como un deber», a pesar de todo. Gracias por haber existido.

A.B.

A Javier Ortega, por su amabilidad, pasión y delicadeza. Su sensibilidad hace la travesía más hermosa. A Javier Zaldúa, Bárbara Burani, Irene García, Vanesa Hereu, Lola Escudero, Míriam Pérez y todo el equipo de Lunwerg por su dedicación. A Ana Bernal-Triviño, por hacer posible esta trilogía, por su visión y compromiso. A Juanjo García, por su generosidad y simpatía: siempre guardaré con cariño aquella primera visita a la Huerta.

A Esther Gili, por aligerar mi mañana de bloqueo con un escorzo del amor, y también a Marialu Gili, por ser ambas las mejores compañeras de club. A Montse Mármol, por las charlas interminables más allá de la madrugada, el resto es selva. A Belén Serrano, gracias por formar parte de mi aquelarre. A Andrea, Jose, Roberto, Miguel, Vanessa, Charlee, por compartir y celebrar a mi lado. A Fernando, por los abrazos, por todos los conciertos y por pinchar la música que amo mientras ilustraba este libro. A mamá, a papá, a mi hermano.

L.D.

Las autoras en la Huerta de San Vicente.

Ana Bernal-Triviño es profesora e investigadora en la Universitat Oberta de Catalunya (UOC) y periodista en *Público*, *El Periódico* y *La Hora de La 1* en TVE. Por su trabajo en defensa de los derechos humanos y de la mujer ha recibido numerosos reconocimientos y premios, entre ellos la Cruz del Mérito de la Guardia Civil, concedida por el Ministerio del Interior. Es autora de los libros *No manipuléis el feminismo. Una defensa contra los bulos machistas* (Espasa, 2019), *Las mujeres de Federico* (Lunwerg, 2021) y *Los hombres de Federico* (Lunwerg, 2022).

Detrás de la firma Lady Desidia está Vanessa Borrell, una artista con una sólida formación académica, una sensibilidad única y un estilo inconfundible que le han permitido convertirse en un referente de la ilustración actual en nuestro país. Ha participado en numerosos proyectos editoriales y es autora del libro ilustrado *El jardín secreto de Virginia Woolf* (Lunwerg, 2020) y de las ilustraciones de *Las mujeres de Federico* (Lunwerg, 2021) y de *Los hombres de Federico* (Lunwerg, 2022).